Tut-Tut est une marque des éditions Leduc.s. Découvrez toutes nos publications sur le blog Tut-Tut : **www.tut-tut.fr**
Retrouvez toujours plus de blagues et d'histoires drôles sur notre page Facebook : **www.facebook.com/EditionsTutTut**

Suivi éditorial : Manuella Guillot
Illustrations : Six in the city
Maquette : Émilie Guillemin

17, rue du Regard
75006 Paris – France
ISBN : 978-2-36704-107-0

Six in the City
SOPHIE HENRIONNET

M comme...

MAMAN A BIEN MÉRITÉ UN PETIT MOJITO !

Un supplément inédit offert ! Rendez-vous à la dernière page !

TUT-TUT

Sommaire

À mes quatre enfants adorés
Margaux, Titouan, Gaspard et Joséphine,
plus connus sous les sobriquets
de Pretty-Poulette, Numérobis,
Dragibus et Micro-Poulette,
sources inépuisables d'inspiration...

AGAÇANT : adj.

1. Qui énerve, horripile.
Syn. Irritation, intériorisation, explosion.

2. De ce qui n'est pas agréable du tout, du tout, du tout.

3. Spécialité du tout-petit, en alternance avec « adorable », « rigolo » et « trop choupinet ».

Exemple. *« Je tenais à te dire, Raoul-Obama, que je t'aime de tout mon cœur. Cependant, si tu fourres une fois de plus ton doigt dans mon nez pendant que je tente de me reposer cinq minutes alors même que la gastro de ta sœur nous a fait passer une nuit épouvantable, tu seras au menu de ce soir. »*

✪ CONSEIL JUDICIEUX (OU PAS) :
Évitez de surenchérir dans le but lui montrer à quel point ce qu'il fait est agaçant, vous risquez d'envenimer la situation. Et puis vous n'avez pas 3 ans.

AMBIANCE : n.f.

1. Atmosphère qui environne une personne ou une réunion de personnes.
Syn. Climat, milieu, fête foraine.

2. Façon élégante d'évoquer le chaos généralisé qui peut régner dans une maison où il y a beaucoup trop d'enfants.

Exemple. *« Si c'est comme ça tous les jours ? Oh… seulement en semaine. Et le week-end. Et encore, là, Fernand-Kenny n'a pas sorti son accordéon-djembé. »*

✪ CONSEIL JUDICIEUX (OU PAS) :
Ayez toujours quelques jeux reposants à portée de main, tels que coloriages, puzzles ou autres kits d'activités dits à effet soporifique, afin de tenter de gagner approximativement vingt secondes de repos tympanique.
Vous pouvez tout aussi bien essayer de porter en continu des bouchons d'oreille pour gagner environ trente décibels.

AMI :
n.m.

1. Personnes avec lesquelles on est lié d'amitié, dont le nombre fluctue au cours d'une existence en fonction des affinités, des localisations géographiques, des hobbys et de la possession ou non de progéniture.
Syn. Copains, frères, potes.

Exemple. *« Si tu es vraiment un ami, tu garderas mes enfants ce week-end. Et tu ne poseras aucune question quand Lucinda-Mauricette évoquera une sombre histoire de grille-pain, de poisson rouge et de glu. »*

2. Personne qui est bien disposée, qui a de la sympathie pour une autre ou pour une collectivité.

Exemple. *« Je viens en ami à cette réunion de préparation de fête de l'école. Sortez les mojitos en vitesse, nous n'avons qu'une heure devant nous. »*

✪ CONSEIL JUDICIEUX (OU PAS) :
Ne jugez jamais les amis de vos enfants à la va-vite !
Certains Luc-Rolex sont exécrables (avec évidemment les parents qui vont avec), tandis que de très nombreux Raoul-Steevy se révèlent absolument serviables (avec des géniteurs quelquefois apéritivement accueillants).

ANIMAL : n.m.

1. Être vivant doué de sensibilité et de mobilité, en opposition aux végétaux.
Syn. Bête, bestiole.

2. Source d'attendrissement, de supplications et de futurs conflits, si vous vous décidez à céder à un quelconque chantage affectif.
Syn. Bête, poisson, oiseau, reptile, chien, chat, cobaye...

Exemple. *« Je savais que j'aurais dû refuser ! C'est encore moi qui vais devoir changer la litière de Brandon-Mistigri si je comprends bien ? »*
Variantes : « Sortir Jason-Médor », « Nettoyer le bocal de Cap'tain Igloo... »

✪ CONSEIL JUDICIEUX (OU PAS) :

Vos enfants insistent encore pour que vous adoptiez un chien ? Invitez-les à passer un test et donc à sortir le vieux berger allemand arthritique de votre voisine centenaire, sans oublier le ramassage qui s'ensuit (on est citoyen jusqu'au bout ou on ne l'est pas).
Si vous craquez tout de même, faites signer des documents d'engagement sur l'honneur et conservez-les précieusement. Rien de tel que les traces écrites.

ANNIVERSAIRE :
n.m.

1. Qui ramène le souvenir d'un événement arrivé à pareil jour, une ou plusieurs années auparavant.

Exemple. *« C'est l'anniversaire du jour où nous t'avons perdu dans le zoo. Heureusement que les lions avaient déjà mangé. Maintenant on en rigole, ça fait des souvenirs, mais sur le moment on a sacrément paniqué. Ne me quitte plus d'une semelle. »*

2. Jour de la naissance d'une personne que l'on fête chaque année. Généralement organisé en grande pompe et à grand renfort de gâteaux customisés pour les plus petits. Occasionnellement oublié pour ce qui est des mères de famille.
Syn. Fiesta, décibels.

Exemple. *« Vu comme ton anniversaire a tourné à la Foire du Trône, l'an prochain on n'invitera qu'un seul copain. Et vous resterez dans ta chambre. Sans goûter. »*

✪ CONSEIL JUDICIEUX (OU PAS) :
N'attendez pas que les vôtres pensent à vous : offrez-vous des fleurs, un voyage ou un sac à main hors de prix, c'est cadeau !

ARRÊTER :

V.

1. Stopper quelqu'un ou quelque chose.
Syn. Retenir.

Exemple. *« Pour la huit centième fois, si tu n'arrêtes pas immédiatement de faire rebondir cette balle contre le mur, je dynamite ton doudou. »*

2. Empêcher quelqu'un ou quelque chose de bouger, de remuer, maintenir en place.
Syn. Self-control, gestion du stress, zen.

Exemple. *« Chouchounet ? Pourrais-tu arrêter de te relever ? Il est 23 h et il me semble que 65 pipis, 23 verres d'eau et 89 histoires, c'est somme toute suffisant, non ? »*

✪ CONSEIL JUDICIEUX (OU PAS) :
Étant donné que, fort heureusement, l'usage de la force et d'autres objets tels que Taser® est interdit, et que le recours aux menaces est, naturellement, plus que déconseillé, tournez-vous vers le dialogue et les incantations.
Et l'hypnose.

BAGAGE : n.m.

1. Ensemble d'effets et d'objets que l'on emporte avec soi en déplacement ou en voyage.
Voir également. Attirail, barda.

2. Chose qui prend en tous sens des proportions hallucinantes lorsqu'un ou plusieurs enfants ont rejoint le foyer.
Voir également. Break, minivan, transhumance.

Exemple. *« Non, je t'assure que je ne pars pas en expédition en Laponie, je vais trois jours chez ma mère avec les petits. J'ai loué un trente-trois tonnes, ça devrait aller. »*

✪ CONSEIL JUDICIEUX (OU PAS) :
Si vous partez en week-end avec des amis, volez-leur des couches et des lingettes sur place.
Optez pour le système D et montrez-vous inventive : un carton se détourne facilement en berceau tandis que le saladier décoratif de Belle-Maman jouera aisément le rôle de pot pour Junior.

BAIN :
n.m.

1. Action de plonger le corps dans du liquide pour se laver. Les adultes ayant une préférence pour l'eau, les enfants pour la boue.
Syn. Gadoue.

2. Temps propice aux jeux et à la détente, utile pour désamorcer certains états d'extrême surexcitation infantile.
Syn. Toilette, douche, ablution.

Exemple. *« Non, mais c'est pas possible ! Je me retourne une nanoseconde pour attraper une serviette et nous voilà à Aquaboulevard à l'heure de pointe ! Sortez vite du bain où je vous assure que vous garderez à vie la peau des mains fripée ! Non, ce n'est pas ce qui m'est arrivé sur le front, John-Félicien, ça, c'est à cause des soucis que vous me causez ! »*

✪ CONSEIL JUDICIEUX (OU PAS) :
Si des conflits éclatent entre frères et sœurs durant le bain, l'utilisation d'un peu de bain moussant peut faire des miracles.
Toutefois, la menace d'introduction de piranhas affamés dans l'eau fait toujours son petit effet.
N.B. : Il est de plus en plus difficile de s'en procurer.
N.B.2 : Je parlais du bain moussant.

BÉBÉ :
n.m.

1. Jeune enfant. Enfant en bas âge.
Syn. Nourrisson, nouveau-né, petit chaton.

2. Petit être absolument merveilleux et adorable, qui peut révéler le côté schizophrène qui somnole en chacun de nous.

Exemple. *« Je l'adore, je veux le sniffer, le papouiller et le bisouiller toute ma vie. Non ! Ne grandis jamais, je ferai tout pour toi, je le promets. Arggg !! Je donnerais tout pour une nuit complète, mais en même temps je ne veux pas te laisser, car tu es vraiment trop choupinou, seulement là ça fait douze heures que je ne suis pas allée aux toilettes et rapport à mon périnée endommagé, c'est jouer avec le feu. »*

✪ CONSEIL JUDICIEUX (OU PAS) :
Arrêter de râler et profitez de votre tout-petit : demain il chaussera plus grand que vous.

BESOIN :
n.m.

1. Exigence née de la nature.
Syn. Commission.

Exemple. *« Gérald-Franck, je suis bien consciente de ce qu'est une envie pressante, mais ça doit faire vingt fois que je te demande si tu as besoin d'aller aux toilettes et que tu me réponds «ABSOLUMENT PAS !» Je suis désolée de t'apprendre que nous avons passé l'aire d'autoroute et que cette histoire va donc forcément mal se terminer. »*

2. Exigence née de la vie sociale.
Syn. Nécessité.

Exemple. *« Oui ma puce, j'aurais terriblement aimé que tu aies ce jouet interactif qui hurle, tourne et clignote sans être pour autant pourvu d'un interrupteur, seulement le père Noël te prie de l'excuser : il y a rupture de stock, il est catégorique. »*

✪ CONSEIL JUDICIEUX (OU PAS) :

Ayez une mémoire sélective pour ce qui est des réserves de piles :
— Jeux éducatifs : « bingo ! »
— Au-delà de 60 décibels : « C'est ballot, je l'avais pourtant noté sur la liste de courses, je ne comprends pas. »

JE TENAIS À PORTER UN TOAST À MES ENFANTS, SOURÇE INÉPUISABLE DE DÉCOUVERTES.
PAR EXEMPLE AVANT D'AVOIR DES ENFANTS JE N'AURAIS PAS CRU QU'IL SOIT POSSIBLE DE DÉTRUIRE UNE MAISON ENTIÈRE AVEC UN SEUL ET UNIQUE PAQUET DE CÉRÉALES.
MAMAN !! JE PRÉPARE DES TARTINES DE MIEL !
JE DOIS VOUS LAISSER, L'HEURE EST GRAVE : ILS SONT PASSÉS AUX ARMES DE DESTRUCTION MASSIVE.

BÊTISE : n.f.

1. Défaut d'intelligence et de jugement.
Syn. Sottise, idiotie.

Exemple. *« Manger des cailloux n'était pas une bonne idée. » (G. Pudedents)*

2. Action ou parole sotte ou maladroite.

Exemple. *« Dire à l'instituteur qu'il ne sent pas bon de la bouche n'était pas une idée. »(J. Suipuni)*

3. Action déraisonnable ou imprudente.

Exemple. *« Mettre des cailloux dans le yaourt de l'instituteur n'était pas du tout une bonne idée, faire une bataille de glu durant son absence non plus. »*

✪ CONSEIL JUDICIEUX (OU PAS) :
Répondez un très détaché « Oh ! Ça nous fera des souvenirs » à la bonne âme qui vous fait remarquer que vos enfants font des bêtises à la pelle.

BIENTÔT :
adv.

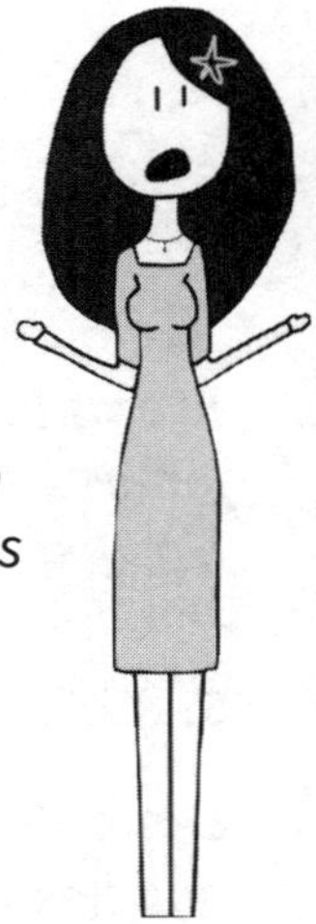

1. Dans peu de temps, dans un proche futur.
Syn. Incessamment.

Exemple. *« Oui mon cœur, Maman te donnera très bientôt un bonbon. Mais comme elle vient de terminer le paquet, il faudra tout de même attendre qu'elle soit retournée faire les courses. »*

2. Dans un court laps de temps.
Syn. Rapidement.

Exemple. *« Quand je dis «À table !» et que tu réponds «J'arrive bientôt», je compte plus sur 2018 ou 2020, mon chou ? Rapport au gratin de pâtes. »*

✪ CONSEIL JUDICIEUX (OU PAS) :
Usez vous-même du « bientôt » à temporalité variable avec parcimonie sous peine d'attendre vos enfants jusqu'à la Saint-Glinglin quand ils auront eux-mêmes saisi la nuance.

BONHEUR :
n.m.

1. Chance.

2. Réussite, succès.

Exemple. *« Quel bonheur d'assister à ton gala de danse, je suis si fière de toi ma chérie. Mais bien sûr que personne n'a vu que tu avais glissé douze fois, je suis formelle. »*

3. État de la conscience pleinement satisfaite.

Exemple. *« Ah… On m'en avait parlé des colliers de nouilles et des poèmes écorchés… Mais vraiment mes amours, je saisis le sens du mot «bonheur» en voyant tous les efforts que vous avez faits pour me faire plaisir. On va les ranger derrière la TV. Je vous aime plus que tout. »*

✪ CONSEIL JUDICIEUX (OU PAS) :

Relativisez les légers désagréments en tentant de vous focaliser sur les petits bonheurs du quotidien.
Derrière chaque situation catastrophique se cache un point positif : « *Je vous avais pourtant dit de ne pas jouer au ballon dans la maison ! Ceci dit, maintenant, la si jolie sculpture en forme de moule offerte par Mamie est bonne à mettre à la poubelle.* »

IL PARAÎTRAIT QUE L'UNE DES CLÉS DU BONHEUR SERAIT D'ÊTRE RÉMUNÉRÉ POUR FAIRE CE QUE L'ON AIME.
SI JE COMPRENDS BIEN IL ME RESTE JUSTE À TROUVER DES PERSONNES SUSCEPTIBLES DE ME PAYER POUR QUE JE BOIVE DES MOJITOS ET FASSE LA SIESTE...

BONSOIR :
interj.

1. Salutation du soir.
Syn. Adieu.

Exemple. *« Bon… D'accord pour un dernier « histoire-pipi-verre d'eau-bisou »… Allez oust !, cette fois, c'est bonsoir pour de bon, promis ? Parce que si tu sors encore une fois de ta chambre, il y a des chances pour que l'on passe directement aux adieux. »*

✪ **CONSEIL JUDICIEUX (OU PAS) :**
Évitez d'avoir recours aux menaces avec envoi de loups, ours, aliens ou autres monstres.
Effets secondaires à prévoir, le cas échéant.

BOUDER :

V.

1. Montrer du mécontentement par une attitude renfrognée que l'on entretient à dessein.
Syn. Rechigner, faire la tête, tiens voilà du boudin.

Exemple. *« Mais non je ne boude pas, je suis simplement un peu étonnée que vous ayez trouvé que le gâteau de Mamie était meilleur que le mien. Mais ce n'est pas grave du tout. Au fait, finalement ce soir ce ne sera pas lasagnes comme prévu, mais choux de Bruxelles. »*

✪ CONSEIL JUDICIEUX (OU PAS) :

Quand votre enfant fait du boudin, prenez-le en photo pour faire rire l'assemblée le jour de son mariage.
Une valeur sûre.

BRICOLAGE :
n.m.

1. Réparation faite tant bien que mal.

2. Activité créative qui permet de fabriquer quelque chose de ses mains avec des fournitures le plus souvent de récupération.
Syn. Bidule en pâte à sel, machin en carton.

Exemple. *« Je ne sais pas où ton pot à crayon/portemanteau/gaufrier en macramé est passé, Linda-Lucette, c'est à n'y rien comprendre… Dans la poubelle ? Tu sais quelquefois j'ai l'impression que je perds la tête. Dis, tu t'occuperas de moi quand je serai totalement sénile ? »*

✪ CONSEIL JUDICIEUX (OU PAS) :
Conservez-en un minimum rien que pour le fun, et aussi pour pleurer quand vos enfants auront quitté le nid et que vous serez vieille et désemparée.
Quelqu'un aurait un mouchoir par ici ?

BRUIT :
n.m.

1. Ce qui, dans ce qui est perçu par l'ouïe, n'est pas senti comme un son musical. Phénomène acoustique dû à la superposition des vibrations diverses non harmoniques.

Exemple. *« Je sais que tu tiens à te mettre au violon, seulement avant que je ne t'inscrive au cours, tu dois persuader la voisine de te laisser répéter chez elle durant les trois premières années. »*

2. Nouvelle répandue, propos rapporté.

Exemple. *« Je sais qu'il y a un bruit qui court, rapport à une sombre histoire de consommation exagérée de mojitos, mais vous n'allez tout de même pas croire tout ce que cette licorne raconte ! »*

✪ CONSEIL JUDICIEUX (OU PAS) :
Si votre enfant fait trop de bruit, essayez de pratiquer la respiration profonde, technique qui fait des miracles.
Sinon, demandez-lui d'aller jouer à l'extérieur un moment (sauf en période de grand froid, évidemment).

CACHETTE : n.f.

1. Endroit retiré, propice à cacher quelque chose ou quelqu'un.

Exemple. *« Mais quelle bonne cachette Gaston-Forceps ! Je ne voyais pas du tout dépasser tes jambes ! Ni ta tête, bien sûr. Non, tes bras non plus, je t'assure. »*

2. « En cachette » : en se cachant de quelque chose ou quelqu'un.

Exemple. *« Tu exagères ! Je ne mangeais absolument pas ces chocolats en cachette ! Je cherchais simplement les combinaisons de ski dans le placard. Comment ça, ce n'est pas la saison ? Dis-moi, au fait : tu en es où de tes devoirs ? »*

✪ CONSEIL JUDICIEUX (OU PAS) :
Planquez le chocolat ! (Règle de base numéro 2.)
Avec les boîtes en plastique, c'est l'endroit idéal.
Ou derrière la sorbetière que vous n'utilisez jamais.

CÂLINER :

V.

1. Caresser avec douceur et tendresse.
Syn. Cajoler, dorloter.

Exemple. *« Oh mon petit chat, tu me demandes si je veux un câlin ? Mais toujours mon roudoudou, c'est adorable ! Seulement, là, je ne sais pas si tu as remarqué mais Maman est aux toilettes, mon poussin. Bon d'accord, viens quand même… Ne pleure pas. Tiens, tu as essuyé ton joli petit nez sur le tee-shirt tout propre de Maman, c'est trop rigolo. »*

✪ CONSEIL JUDICIEUX (OU PAS) :

Fermez la porte des toilettes à clé quoiqu'il arrive.
Règle de base numéro 1 !

CALME :
n.m.

1. État d'immobilité de l'atmosphère.
Syn. Suspicion.

Exemple. *« Hum ! Hum ! Serait-ce le calme avant la tempête, pas un bruit dans la maison. »*

2. État de ce qui ne change pas brusquement ou radicalement, qui n'est pas troublé, agité.

Exemple. *« Papa Schultz ? Je me tâte à appeler le médecin, le petit est tout calme depuis ce matin. »*

✪ CONSEIL JUDICIEUX (OU PAS) :
Restez toujours sur vos gardes en situation de calme inattendu.
Ne sous-estimez jamais l'ingéniosité de vos adversaires.

CAPRICE : n.m.

1. Détermination arbitraire, envie subite et passagère, fondée sur la fantaisie et l'humeur.

Exemple. *« Je comprends ton besoin soudain de te mettre à la batterie pour monter un groupe. Seulement ôte-moi d'un doute : hier tu voulais absolument te lancer dans l'élevage intensif de furets et avant-hier apprendre le chinois, c'est bien ça ? »*

2. Changements fréquents, imprévisibles.

Exemple. *« Moi veux un yacht ! Moi veux un yacht ! Moi veux un yacht ! Maman, c'est quoi un yacht ? Oh ! Une vache ! Moi veux une vache ! » (K. Sbonbon, 3 ans)*

✪ CONSEIL JUDICIEUX (OU PAS) :
Faites ce que vous pouvez, chacun sa croix.

CHAMBRE : n.f.

1. Pièce d'habitation où l'on couche.
Syn. Turne, taule, piaule.

Exemple. *« Dire que lorsque j'étais enceinte j'avais décoré ta chambre selon le thème dinosaure... C'est incroyable l'évolution... Désormais on peut dire que c'est l'ambiance déchetterie qui a pris le dessus, non ? »*

2. Cavité, vide.

Exemple. *« J'ai du mal à saisir comment tu procèdes mon amour ? Ce matin, c'était rangé à la perfection... Tu utilises des grenades ou un lance-roquettes ? »*

✪ CONSEIL JUDICIEUX (OU PAS) :
Optez pour des bacs fourre-tout et menacez de jeter régulièrement leur contenu en faisant les gros yeux qui ne convainquent personne (même pas vous).

CHEVEUX :
n.m.pl.

1. Poils qui recouvrent le crâne de l'homme, coiffés avec soin dans le temps, noués le plus souvent à la va-vite en un chignon cache-misère pendant une période plus ou moins longue après l'arrivée d'enfants dans le foyer.
Syn. Chevelure, crinière.

Exemple. *« Bon sang, c'est pas vrai ! Je me suis encore promenée toute la journée avec une barrette Hello Kitty® sur la tête ! Pour la dernière fois : je ne suis pas votre tête à coiffer ! »*

2. Chose régulièrement coupée en quatre par vos adorables rejetons.

Exemple. *« Mais puisque je te dis que tous tes morceaux de viande ont la même taille Francis-Dylan, tu n'es pas au nanomètre près quand même ! »*

✪ CONSEIL JUDICIEUX (OU PAS) :
Accueillez avec joie le retour fashion du bonnet (moins l'été).

CHUCHOTER :

V.

1. Parler bas, indistinctement, en remuant à peine les lèvres.

2. Façon d'agir approximativement gérée par les enfants. Préférentiellement lors de situations délicates, dans des lieux tels que les maisons endormies ou encore les salles d'attente bondées.
Syn. Murmurer, susurrer.

Exemple. *« Oui mon poussin, je t'emmène aux toilettes tout de suite – pardon Madame – je pense que toute la rangée a saisi que tu avais une envie pressante – pardon Monsieur – et que tu avais fait, je cite, «un gros prout» – pardon Mademoiselle. Oui, mon gros chat, tu as raison, il fait tout noir dans cette salle de cinéma. »*

✪ CONSEIL JUDICIEUX (OU PAS) :

Entraînez-vous à toussoter sur commande pour couvrir les chuchotements gênants de votre enfant.
Notez qu'il est malin d'avoir toujours à portée de main un paquet de chips, qui s'avérera utile pour détourner l'attention auditive de votre entourage.

COLÈRE : n.f.

1. Violent mécontentement accompagné d'agressivité.
Syn. Courroux, fureur, rage, rogne, mutain de mordel de l'herbe.

Exemple. *« Je pense que tu réagis excessivement Chouchounet. Oui, j'avoue, j'ai ouvert ton yaourt sans que tu ne me l'aies demandé. Cependant, ça ne vaut peut-être pas la peine de retourner la table, le buffet du salon et la bibliothèque, non ? Ceci dit tu es très fort, mon chaton. »*

2. Accès ou crise d'emportement.

Exemple. *« Ça ? Une colère ? Oh... Il est seulement un peu énervé là. Mélange ses cartes Pokémon® et tu verras ce qui se passe... Je compte jusqu'à trois et tu pars en courant. »*

✪ CONSEIL JUDICIEUX (OU PAS) :
Construire un abri antiatomique peut s'avérer utile.
Une récente étude affirme qu'une bonne grosse colère peut dans certains cas s'apparenter à une tornade de force 3 sur l'échelle de Fujita : « Dégâts considérables : les murs extérieurs et les toits sont projetés dans les airs, les maisons s'effondrent ou subissent des dégâts importants, les forêts et les récoltes sont abattues. »

COMPÉTITION : n.f.

1. Recherche simultanée par deux personnes ou plus d'un même avantage, d'un même résultat.
Syn. Concours, concurrence.

Exemple. *« À mon top départ, celui qui redescendra le premier douché et en pyjama, aura le droit, non pas à un, non pas à deux, mais à trois desserts ! »*

2. Dans un cadre sportif, événement donnant souvent lieu à jalousie, mauvaise foi et autres comparaisons malvenues.
Syn. Épreuve, championnat, coupe, critérium, match, problèmes.

Exemple. *« Je suis désolée, mais si Théodore-Roosevelt a perdu son match de tennis, c'est uniquement à cause du cordage de sa raquette. Je vous laisse, je m'en vais dire le fond de ma pensée au type de Décathlon. »*

✪ CONSEIL JUDICIEUX (OU PAS) :
Évitez de parler des activités sportives de vos enfants avec vos amis. Surtout si leurs enfants pratiquent le même sport. Surtout si vous désirez qu'ils restent vos amis.
(Parce qu'ils n'admettront jamais que vos enfants sont bien meilleurs, on est bien d'accord.)

CONSOMMATION : n.f.

1. Action d'amener une chose à son plein accomplissement.
Syn. Achèvement, couronnement, fin, terminaison.

2. Action d'utiliser des choses en les rendant par la suite inutilisables, et qui prend tout son sens lorsque votre enfant tombe sur des spots publicitaires de Noël.
Syn. Usage.

Exemple. *« Donc si je te suis bien, aujourd'hui tu voudrais que le père Noël t'apporte un trampoline alors que, je tiens à le préciser, nous n'avons pas de jardin… Puis-je tout de même me permettre de te rappeler qu'hier encore tu ressentais un besoin impérieux d'avoir un set de calligraphie ? D'ailleurs, quid du magnifique moule à gaufre-fer à souder rotatif lumineux d'avant-hier ? »*

✪ CONSEIL JUDICIEUX (OU PAS) :
Vendez votre TV.
Ne regardez pas les prospectus.
Ne sortez pas dans la rue.
Emménagez dans une grotte.

CORPS :
n.m.

1. Partie matérielle des êtres animés. Organisme humain, opposé à l'esprit et à l'âme, que nous tentons tout au long de notre existence de contraindre à force de sport et de restriction alimentaire, et qui subit quelques légères variations au cours de la grossesse et par la suite.

Exemple. *« Je – ouille ! – ne suis – outch ! - pas – humpf ! - un trampoline ! »*

2. Chose personnelle que l'on souhaiterait conserver telle quelle, ou à peu près.
Syn. Intimité.

Exemple. *« J'ai besoin de sustenter à un besoin naturel, qui plus est pressant étant donné ma grande consommation de thé (froid), ou autres boissons mentholées, Réné-Kyriad. Alors si tu pouvais me laisser trente petites secondes d'intimité, je répondrais ensuite encore plus volontiers à tes interrogations concernant l'espérance de vie des vers de terre en Namibie du Nord. »*

✪ CONSEIL JUDICIEUX (OU PAS) :
Apprenez des gestes d'autodéfense simples pour parer les attaques intempestives bien connues, telles que les terribles « coups de tête dans le ventre lors de câlins avec élan » ou encore « coups de pied rotatifs dans la poitrine au cours des séances de change sur table à langer ».

CRI :
n.m.

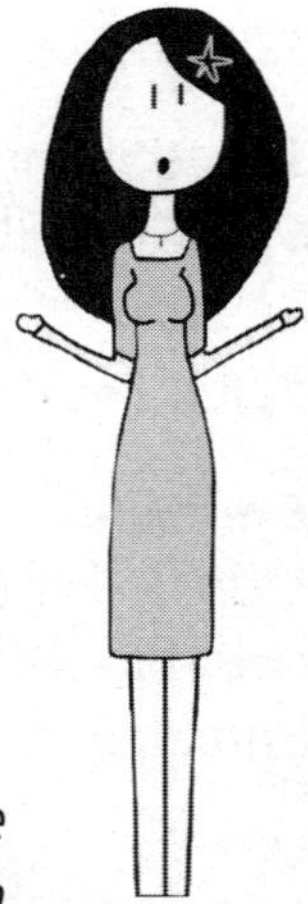

1. Son perçant émis par la voix, qui prend une teinte toute particulière lorsqu'il est émis en pleine nuit.

2. Paroles prononcées très fort sur un ton généralement suraigu
Syn. Braillement, exclamation.

Exemple. *« Non, Madame Gomez, je suis désolée du dérangement occasionné, mais je vous assure que nous n'avons égorgé aucun cochon. Non pas de moufette, non plus… À vrai dire Félicie-Aussi exprime un peu vivement sa désapprobation… Vous comprenez, parents indignes que nous sommes, nous avons décidé de lui laver les cheveux. »*

✪ CONSEIL JUDICIEUX (OU PAS) :
À la loterie parentale, vous aurez le loisir de tomber sur des spécimens vocaux plus ou moins particuliers. Suspens ! Faites preuve dans la mesure du possible de bon sens, et ne « criez pas d'arrêter de crier », BON SANG !

DÉCORATION : n.f.

1. Action, art de décorer.
Syn. Embellissement, ornementation, customisation.

2. Ensemble de ce qui décore, sert à décorer.

Exemple. *« J'ai fait une croix sur les bibelots, les murs blancs, les tapis immaculés et le reste, mais je dis non aux pâtes à sel sur le buffet ! Oh ! Non ! Ne pleure pas ! Bon, on va les mettre à côté de la TV... »*

✪ CONSEIL JUDICIEUX (OU PAS) :
Positivez : votre frigo ressemble maintenant à une œuvre d'art contemporaine très tendance ! (Positivez on a dit.)

DEMAIN :
adv.

1. Le jour suivant immédiatement celui où l'on parle.

2. Dans un avenir plus ou moins proche.
Syn. À la Saint-Glinglin.

Exemple. *« Jouer avec la pâte à modeler ? Aucun problème mon petit bouchon, seulement là je vais devoir mettre la table : eh oui ! Dans une heure, il sera temps pour vous de dîner ! Mais demain sans aucun problème ! Comment ça, c'est demain que vous partez en vacances chez Mamie ? Zut alors ! »*

✪ CONSEIL JUDICIEUX (OU PAS) :
Arnaque à utiliser avec parcimonie.
Tout comme les « peut-être » et autres « je vais y réfléchir ».

DÉTENTE :
n.f.

1. Relâchement de ce qui est tendu.

2. Relâchement d'une tension intellectuelle, nerveuse, morale et état agréable qui en résulte (très subjectif et variable selon les individus).
Syn. Délassement, relaxation, répit, repos.

Exemple. *« C'est curieux ce léger décalage de compréhension entre nous. Lorsque j'ai dit «Allons passer un peu de temps dehors», je m'imaginais assez lire tranquillement dans le jardin durant vingt minutes, ceci dit, vous semblez vous amuser follement en tapant bruyamment sur ce tronc avec vos bâtons, hein ? »*

✪ CONSEIL JUDICIEUX (OU PAS) :
Adaptez les moments de détente pour que chacun y trouve son compte, et trouvez un juste milieu aux désirs de chacun. Navrée de vous décevoir mais Midas-Siméon, 3 ans, ne s'éclatera pas avec des mots fléchés force 5.
De même, ne vous lancez pas dans une partie de paintball topless sur glace si vous n'en avez pas envie.

DEVOIR :
n.m. ou v.

1. Avoir à payer ou à fournir quelque chose.

2. Être dans l'obligation de fournir quelque chose.

3. Obligation morale considérée en elle-même.

4. Exercice scolaire demandé à un élève donnant fréquemment lieu à pugilats.

Exemple. *« C'est bien simple Ronaldo-Zeus, je crois que si tu ne comprends pas cet exercice après ma huitième explication, je mange ton cahier. »*

✪ CONSEIL JUDICIEUX (OU PAS) :

Il y a un temps pour tout : à son retour de l'école, laissez votre enfant souffler un peu avant de l'inciter à faire ses devoirs.
Quoi qu'il arrive par la suite, si vous réussissez à conserver votre calme, vous avez d'ores et déjà toute la considération de tous les parents du monde, et c'est pas si mal.

DIPLOMATIE : n.f.

1. Branche de la politique qui concerne les relations entre les États.

2. Habileté, tact dans la conduite d'une affaire.
Syn. Circonspection, finesse, habileté.

Exemple. *« Je ne dirais pas que tu es mal habillée ma chérie. Je préfère souligner l'originalité des choix et des associations de ton père. Mais va vite te changer quand même ou sinon on va te jeter des cailloux dans la cour de l'école. »*

✪ CONSEIL JUDICIEUX (OU PAS) :
Tournez cent douze fois la langue dans votre bouche avant de répondre à une mère d'élève qui trouve votre petit amour des bois mal élevé, ou encore à votre belle-mère qui trouve que ses petits-enfants ont beaucoup de défauts.
Préférez un sourire digne et un air détaché.
Ensuite, vous pouvez tout à fait faire une béquille à votre adversaire lorsqu'il aura le dos tourné, mais seulement si vous courrez suffisamment vite.

DISCIPLINE :
n.f.

1. Se dit des diverses branches de la connaissance.

2. Règles de conduite communes aux membres d'un corps ou d'une collectivité et destinées à y faire régner le bon ordre.
Syn. Loi, règle, règlement.

Exemple. « *J'avais dit un bonbon chacun. Bon, OK, deux. C'est vrai que c'est ridicule de laisser ça… Allez d'accord, terminez le paquet, mais planquez le cadavre bien au fond de la poubelle, sinon votre père va râler qu'il n'en a pas eu.* »

✪ CONSEIL JUDICIEUX (OU PAS) :
Montrez l'exemple nom d'un petit bonhomme : vos enfants miment naturellement tous vos faits et gestes !
Sinon soyez super discrète lorsque vous commettez des méfaits.

DIVERTIR :

V.

1. Détourner, éloigner de ce qui occupe.
Syn. Distraire.

Exemple. *« Oh ! Là ! Un paon ! Quoi ? Tu ne l'as pas vu ? Si ! Là ! À la fenêtre ! Et hop ! Un ongle de coupé, je t'ai bien eu... Bon, pour les neuf autres, on verra demain, quelque chose me dit qu'il y aura un vol de poneys pailletés. »*

2. Distraire en récréant.
Syn. Amuser, égayer.

Exemple. *« Une bouchée pour Dark Vador. Si, et avec des haricots cette fois, allez... Zou ! Le gros avion ! Et une bouchée pour Maître Yoda ! D'accord, j'enlève un haricot ! Oh ! Regarde le chat dans le jardin ! »*

✪ CONSEIL JUDICIEUX (OU PAS) :
Faites preuve de créativité, en devenant parent vous allez apprendre à réaliser des shows à faire pâlir de jalousie les plus grands théâtres de Broadway !
Chantez du Claude François en dansant comme Beyoncé, une marionnette dans une main et une brosse à cheveux dans l'autre en guise de micro.

→

Rien ne sera jamais trop beau pour détourner l'attention, que ce soit en cas de besoin, ou simplement pour faire rire vos plus ou moins petits.
Attention cependant à rester vigilant : en grandissant vos enfants peuvent se mettre en tête de vous filmer pour vous faire chanter (au sens second du terme).

DOUCHE :
n.f.

1. Projection d'eau en pluie ou en jet qui arrose le corps et produit une action hygiénique ou thérapeutique.

2. Moment intime et personnel dont on ne mesure réellement les bienfaits psychologiques qu'une fois devenu parent.

Exemple. *« Non je ne suis pas déjà en pyjama, je suis encore en pyjama, nuance. À chaque fois que j'ai tenté une incursion dans la salle de bains, Babychou s'est réveillé. Je pense sincèrement qu'il a installé des détecteurs de mouvements. » (M. Airanonyme)*

✪ CONSEIL JUDICIEUX (OU PAS) :
Pour aller plus vite, optez pour la boule à zéro, ou bien relancez la mode du grunge.

DOUDOU :
n.m.

1. Objet procurant un réconfort psychologique à un petit enfant.

2. Couverture ou peluche adorable durant les premiers mois, élimée et odorante les suivants.
Syn. Ninin, Nounoune.

Exemple. *« Si tu me laisses laver Doudou, je te donne trois bonbons. Si tu refuses, je serais contrainte d'appeler les services sanitaires. »*

✪ CONSEIL JUDICIEUX (OU PAS) :

Comme tout le monde, vous essayerez d'avoir deux ou trois exemplaires du Graal, seulement si vous tombez sur une tête de pioche, ce subterfuge ne fonctionnera pas ! (Toute ressemblance avec des personnes ou des situations existantes ou ayant existé ne saurait être que fortuite.)
Si Doudou disparaît, cherchez, puis pleurez, puis cherchez, puis pleurez encore, et tentez en désespoir de cause un dernier « Si tu reviens, j'annule tout ».

ÉCOLE : n.f.

1. Établissement dans lequel est donné un enseignement collectif, et qui occupe nos adorables chérubins une bonne partie de l'année scolaire.

Exemple. *« Youpi ! C'est la rentrée ! » (Une mère de famille anonyme)*

2. Instruction, exercice.

Exemple. *« Si tu apprends bien tes tables, tu les sauras toute ta vie. Comment ça 7 x 8 ? Évidemment que je le sais… Dis donc, qui est-ce qui pose les questions ici ? » (Une mère de famille toujours anonyme)*

3. Ce qui est propre à instruire et à former.

Exemple. *« Non, mais Mutain de Mordel de l'Herbe, c'est dingue les insanités qu'il apprend à l'école ! Je suis scandalisée ! » (Une mère de famille définitivement anonyme)*

✪ CONSEIL JUDICIEUX (OU PAS) :

En matière d'école, il y aurait tant de mauvais conseils à donner...

Pensez tout d'abord à vous prémunir d'huile essentielle de lavande, rapport aux poux.

EMBARRAS :
n.m.

1. Obstacle qui s'oppose à l'action, difficulté qui arrête ou gêne la réalisation de quelque chose.

2. Confusion résultant d'affaires nombreuses et difficiles à débrouiller.

3. Position gênante, situation difficile et ennuyeuse.
Syn. Pétrin.

Exemple. *« Je vous assure que Jean-Fénec ne pensait pas ce qu'il disait, Madame Michu, tout du moins croyait-il que vous ne l'entendriez pas. »*

✪ CONSEIL JUDICIEUX (OU PAS) :
Si votre tout-petit vous met dans l'embarras en exprimant le fond de sa pensée tout haut, feignez tout simplement de ne pas l'avoir entendu.
Dans les cas extrêmes, faites momentanément semblant d'ignorer qu'il est votre enfant.

ENFANCE :
n.f.

1. Première période de la vie humaine.

2. Période incroyable, fantastique et trop courte dans laquelle on voudrait tous retomber.

Exemple. *« Ne fais pas l'enfant, tu as tout de même 3 ans ! » (J. Esuisrabatjoie)*

✪ CONSEIL JUDICIEUX (OU PAS) :
Profitez du fait d'avoir des enfants pour y retourner un peu : il n'y a pas de physionomiste à l'entrée, tout le monde est accepté, alors régalez-vous.

ENNUI : n.m.

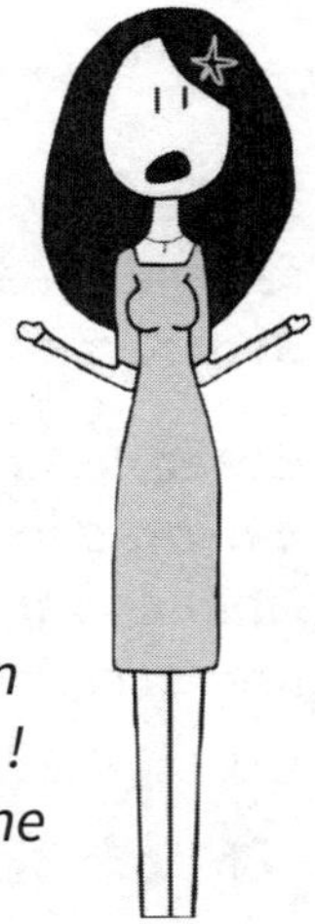

1. Tristesse profonde, grand chagrin.

2. Impression de vide et de lassitude causée par le désœuvrement ou par une activité monotone.
Syn. Langueur, spleen, cafard.

Exemple. *« Pardon ? Tu t'ennuies !?! Répète un peu ? Je vais t'en trouver moi de l'occupation ! Et commence déjà par ranger ta chambre, une licorne n'y retrouverait pas ses petits ! »*

✪ CONSEIL JUDICIEUX (OU PAS) :
Mettez à profit les périodes d'ennui de vos enfants à bon escient en leur confiant toutes les tâches désagréables, telles que l'entretien de la tondeuse, du taille-haie ou encore le nettoyage des gouttières. (Pas en dessous de 2 ans, soyez sensée.)

ESPÉRANCE :
n.f.

1. Sentiment qui fait entrevoir comme probable la réalisation de ce que l'on désire.
Syn. Aspiration, désir, espoir.

Exemple. *« Avant, j'avais des désirs incroyables pour ma progéniture : astronaute, chercheur, prix Nobel… Maintenant, j'ambitionne seulement qu'ils se décident à tirer la chasse d'eau. »*

✪ CONSEIL JUDICIEUX (OU PAS) :
« L'espoir fait vivre. »
Réjouissez-vous, donc.

6inthecity.fr
AVANT JE RÊVAIS QUE MES ENFANTS ACCOMPLISSENT DE BELLES CHOSES
MAIS ÇA C'ÉTAIT AVANT...
MAINTENANT J'AMBITIONNE SIMPLEMENT QU'ILS TIRENT LA CHASSE D'EAU
ET S'ILS ÉTEIGNAIENT LA LUMIÈRE AU PASSAGE JE CROIS QUE JE SERAIS CAPABLE D'ENCHAÎNER DEUX SALTOS ET UNE RONDADE
Sixinthecity

ÉPILATION : n.f.

1. Action d'enlever les poils et duvets disgracieux au moyen de pinces, crèmes, rasoirs ou autres cires.

2. Corvée chronophage dont le non-recours constitue un frein certain au port de jupes et autres pantacourts et par ailleurs un excellent contraceptif naturel.

3. Tâche souvent incomplètement accomplie par les mères de famille.

Exemple. *« Je sais bien ma chérie que tu aimerais beaucoup que Maman soit plus féminine et qu'elle mette sa jolie jupe… Mais je suis désolée de t'apprendre que je n'ai pu m'épiler qu'une jambe, la faute à la gastro de ton frère. N'insiste pas… Non, je ne veux pas lancer de mode. »*

✪ CONSEIL JUDICIEUX (OU PAS) :

Sachant qu'il y a des fortes chances que vous soyez interrompue dans votre entreprise, si vous optez pour l'épilation maison, épilez utile : débutez par les bas de chaque demi-jambe, de façon symétrique. Ainsi, peut-être pourrez-vous tout de même porter ce petit pantacourt ou au pire ce si joli 7/8e.

Évitez donc, bien entendu, l'erreur de débutante qui consiste à commencer par le maillot, surtout si vous êtes déjà en couple.

EXAGÉRATION : n.f.

1. Action d'exagérer en voulant agrandir les petites choses.
Syn. Amplification, Marseille.

Exemple. *« Ah oui… Quand même… Je pensais que tu exagérais, mais Gaston-Flipper a réellement arraché tout le papier peint. »*

✪ CONSEIL JUDICIEUX (OU PAS) :
Les enfants ont parfois tendance à forcer le trait, cependant puis-je me permettre de vous demander qui parle d'une araignée énorme alors qu'elle fait à peine deux centimètres ? Alors, on se motive un minimum et on trouve évidemment que ce dessin est « trop trop magnifique », que cette construction est « trop trop énormissime » et en fin de compte, on est plutôt content quand Chouchou fait preuve de largesse d'esprit et trouve que « Maman est trop trop belle du monde entier ».

FAMILLE :
n.f.

1. Personnes apparentées vivant sous le même toit, ayant généralement leurs propres us et coutumes.

Exemple. *« Tu vois, chez moi, et ben le dimanche on se douche pas. » (Réné-Kennedy, CE2)*

2. Ensemble de personnes liées par le mariage, union, concubinage, filiation, adoption.
Syn. Foyer, bercail.

Exemple. *« Non mais qu'est-ce que j'ai bien pu faire pour tomber dans cette famille de fous ?!? » (A. Dolescentencolère)*

3. Personnes ayant des caractères communs.
Syn. Clan.

✪ CONSEIL JUDICIEUX (OU PAS) :
Instaurer des rituels a du bon. Cependant si jamais vous décidez d'opter pour la raclette tous les dimanches midi, attendez-vous à des répercussions épaississantes.

FANTÔME :
n.m.

1. Apparition d'une personne morte.

2. Chimère.
Syn. Ombre, esprit, spectre, vision.

3. Raison évoquée par les tout-petits, que ce soit de bonne ou de mauvaise foi, pour prolonger le rituel du coucher ou bien vous plomber la soirée.

Exemple. *« Mais je te dis que ce n'est pas un fantôme Elvis-Presley, c'est juste le vieux pardessus de chasse taché de sang de Grand-Papa qui dépasse de l'armoire. Tiens ! Mais qu'est-ce que fait ce renard empaillé ici ? »*

✪ CONSEIL JUDICIEUX (OU PAS) :
Si une dame blanche se trouve dans votre couloir et vous indique le chemin des toilettes en pleine nuit, appelez rapidement un médium-magnétiseur, ainsi qu'un agent immobilier, ou freinez votre consommation de mojitos.

FARCE : n.f.

1. Hachis d'aliments.

Exemple. *« Brandon-Moïse ! Reviens ici tout de suite, sinon je te promets que tu vas terminer en farce pour les tomates du déjeuner ! »*

2. Tour plaisant (ou non) joué à quelqu'un.
Syn. Blaguounette.

Exemple. *« Vous trouvez ça drôle d'inciter votre petite sœur à se couper les cheveux ? Hein ?... NON !!! La bonne réponse était NON !!! »*

✪ CONSEIL JUDICIEUX (OU PAS) :

Soyez indulgente et n'oubliez pas que vous avez été jeune vous aussi.
Oui, même vous, là-bas, dans le fond, contre le radiateur.
Et n'oubliez pas qu'il n'est pas interdit non plus de couper subrepticement l'eau chaude au moment de la douche ou de cacher quelques cailloux dans le gratin de brocolis.

FATIGUE :
n.f.

1. État résultant du fonctionnement excessif, d'un organisme et qui se traduit par une diminution du pouvoir fonctionnel.
Syn. Épuisement, exténuation, abattement.

Exemple. *« OK, OK, je viens jouer au foot Fernand-Ronaldo. Mais bien sûr que je suis enthousiaste : Youhou ! Enfin, excuse-moi de ne pas sauter au plafond à l'idée de taper dans un ballon après trois lessives, la préparation d'un repas, la confection d'un déguisement de têtard et accessoirement une journée de travail. »*

2. Ce qui est cause de fatigue.

Exemple. *« Franchement tu abuses Chouchounet ! Me faire descendre un étage pour ramasser le doudou tombé à tes pieds, tout ça parce que tu es – je cite – «fourbu d'avoir joué à cache-cache» ?!? » (M. Èrefurax)*

> **✪ CONSEIL JUDICIEUX (OU PAS) :**
> La fatigue, c'est dans la tête ! Prenez sur vous !
> Si, si, les cernes, c'est dans la tête (enfin sur le visage) !
> Les étourdissements aussi.
> La somnolence également, on vous dit : des efforts que diable !

FEUTRE :
n.m.

1. Étoffe obtenue en foulant du poil ou de la laine.

2. Stylo avec sa propre source d'encre qui sert à écrire sur des surfaces diverses, et le plus souvent inappropriées.

3. Arme de destruction massive s'il est indélébile et mis entre les mains d'un enfant de moins de 3 ans.

Exemple. *« Ne bouge plus et pose ce Velleda® doucement. Là, voilà… Maintenant recule lentement en levant bien haut les mains. Note bien que tout ce que tu ne diras pas pourra être quand même retenu contre toi, mon poussin. »*

✪ CONSEIL JUDICIEUX (OU PAS) :
Feutres lavables, nom d'un petit bonhomme !!!
Cachez les autres dans un lieu ultra-sécurisé.
Dans votre planque à chocolats par exemple.

FICHTRE :
Interj.

1. Croisement entre « ficher » et « foutre » (1808).
Syn. Ben dam !

2. Exprime la contrariété, l'étonnement, l'admiration.
Syn. Parbleu !

3. Mot dont l'usage débute dans un foyer de façon concomitante avec l'arrivée des enfants, à défaut d'autres inventions propres à chaque famille pour éviter d'écorcher les oreilles de sa progéniture.

Exemple. *« Mutain de Mordel de l'Herbe, Ken-Félicien ! On ne joue pas au foot dans la maison ! Ni au water-polo dans la salle de bains d'ailleurs ! »*

✪ CONSEIL JUDICIEUX (OU PAS) :
Laissez libre cours à votre imagination : du flutain au putiche, du merdum en passant par mordel... Faites-vous plaisir.

FIERTÉ :
n.f.

1. Férocité, courage, intrépidité.

2. Sentiment élevé de la dignité, de l'honneur.

3. Fait d'être fier de quelque chose en ayant de la joie et de la satisfaction.
Syn. Contentement, youpi.

Exemple. *« Écoutez tous ! John-Régis a eu son pioupiou ! C'est dingue comme tu es fort ! Dire qu'il y a cinq ans je sortais de la maternité et voilà que tu t'apprêtes à dévaler les pentes enneigées à toute vitesse… Non, je ne pleure pas, c'est la neige qui m'éblouit. »*

✪ CONSEIL JUDICIEUX (OU PAS) :

Fonctionne avec tous les sports, les activités, les compétitions, les examens sans limite d'âge.
Va de pair avec « émotion » et « collage de honte » pour les ados.
Peut être aisément remplacé par « Tu vas voir ce que tu vas voir » en cas d'échec à des examens.

6inthecity.fr
Quand votre enfant arrive à compter, vous êtes alors hyper fier
jusqu'à ce qu'il totalise systématiquement le nombre de cookies que vous ingurgitez
65 ! Je suis formel !
Et en ce qui concerne les Mojitos…
Si tu comptes fêter tes 4 ans un jour, ne termine pas cette phrase, mon cœur
Sixinthecity

FINAL : n.m.

1. Qui comporte une orientation vers un but, une intention.

Exemple. *« La fin justifie les moyens. Celui qui pliera le plus de linge aura une sucette. Tous les coups sont permis, vous avez dix minutes. »*

2. Qui est à la fin, qui sert de fin.

3. Devient final pour celui qui est à court d'argumentaires.
Syn. Point final.

Exemple. *« C'est comme ça et pas autrement, qui c'est qui commande ici nom d'une licorne à paillettes ! »*

✪ CONSEIL JUDICIEUX (OU PAS) :
Le point final se pratique avec une hausse de ton concomitante, nécessaire à l'appui du propos et qui signale clairement qu'aucun recours ne sera possible.

FLAQUE :
n.f.

1. Petite nappe de liquide stagnante.

2. Liquide saumâtre ayant un pouvoir fortement attractif sur les petits pieds, non bottés de préférence, le plus généralement lorsque l'on doit présenter leur propriétaire bien propret à un rendez-vous médical ou une visite familiale.

Exemple. *« Il y en avait une dans un rayon de soixante-dix mètres et il a fallu que tu plonges dedans Jeanne-Mimicracra ! »*

✪ CONSEIL JUDICIEUX (OU PAS) :
En même temps, avec des bottes, c'est vrai que c'est rigolo. Oh ! Regardez par là ! Ah Ah ! Plouf ! Je vous ai bien eus !

FLATULENCE :
n.f.

1. Production de gaz gastro-intestinaux.
Syn. Prout.

2. Production généralement odorante et sonore que le tact et les bonnes manières tendent à cacher, mais qui est joyeusement annoncée et le plus souvent à la cantonade par nos chérubins.

Exemple. *« John-Kennedy, je pense que toutes les personnes présentes dans la rue ont clairement entendu que tu avais fait un «énorme prout» et que tu devais aller – je cite – “changer de slip”, tu peux arrêter de le répéter en boucle, je t’assure... Tiens, bonjour Madame Michu. »*

✪ CONSEIL JUDICIEUX (OU PAS) :
Rien à faire : les prouts font toujours rire les petits ainsi que bon nombre de grands. Vous ne pourrez pas lutter.

GÂTEAU :
n.m.

1. Pâtisserie ordinairement à base de farine, d'œufs et de beurre.
Syn. Biscuit. Goûter.

Exemple. *« Gato !!! Moi veux gato !!! » (G. Oinfre)*

2. Alimentation principale des enfants si on leur en laisse le choix.

Exemple. *« Non, mais je me retourne deux secondes et le paquet est déjà vide ?!? Je vous rappelle que j'ai fait de la soupe pour le dîner : je ne vous laisserai en paix que lorsqu'il n'en restera plus une goutte. »*

✪ CONSEIL JUDICIEUX (OU PAS) :
Ne jamais sous-estimer le pouvoir du gâteau.
Peut sauver beaucoup de situations extrêmes.

GENOU :
n.m.

1. Articulation du fémur et du tibia.

2. Zone sensible et fréquemment écorchée.
Syn. Pansements Spider-Man® ou Hello Kitty®.

Exemple. *« Tiens, c'est marrant comme tu fais plus attention depuis qu'il fait beau... Ah ! Quand c'est plus le pantalon qui trinque Gérard-Pouflecascadeur est plus prudent ! » (M. Èrequienamarrederaccomoder)*

✪ CONSEIL JUDICIEUX (OU PAS) :
Évitez l'insupportable « C'est le métier qui rentre ! »
S'il vous plaît.

GLACE :
n.f.

1. Eau congelée.

Exemple. *« Attention Mamour, c'est gelé ! Tu vas tomb... Aaaahhhh !!!! C'est malin, riez, riez, bande d'ingrats ! »*

2. Plaque de verre ou de cristal.

3. Boisson ou crème congelée et fondante, parfumée aux diverses essences employées en confiserie, qui tombe invariablement sur le tee-shirt de celui qui la déguste.

Exemple. *« Cette fois, c'est la dernière que je te donne, si tu la renverses, tant pis pour toi, hein ! Atten... Mais bon sang, c'est pas possible ! »*

✪ CONSEIL JUDICIEUX (OU PAS) :
Pour les plus maladroits, préférez les pots.
Ou une banane, c'est bien ça, les bananes.

GROSSIER : adj.

1. Caractère de ce qui a peu de valeur, ou qui est mal façonné.

Exemple. *« Je sais pas moi, Kylie-Lydie, fais un minimum d'efforts. Un arbre, ça a le tronc marron, quelle idée de choisir le rose, franchement ! Tu as 3 ans tout de même, on sait ça à 3 ans, non ? » (M. Èrepénible)*

2. Manque de délicatesse, de culture, de raffinement.

Exemple. *« Mais qui t'a appris ces gros mots, Mutain de mordel de l'herbe ! »*

✪ CONSEIL JUDICIEUX (OU PAS) :
Balayez devant votre porte avant de regarder la poutre dans l'œil de l'aspirateur de votre voisin de palier.

HARMONICA :
n.m.

1. Instrument de musique composé de petits tuyaux à hanche métallique juxtaposés que l'on fait vibrer par le souffle.

2. Objet diabolique façonné par Satan au cours d'une nuit de pleine lune.
Syn. Flûte à bec.

Exemple. *« Puisque Marraine t'a offert ce bel harmonica, nous allons fabriquer une bombe artisanale que nous allons déposer dans sa poubelle. Pour plaisanter, bien entendu. »*

✪ CONSEIL JUDICIEUX (OU PAS) :
Un mot ? Poubelle.
Hache, si vous en voulez vraiment un deuxième.

HISTOIRE :
n.f.

1. Connaissance des événements du passé.

2. Ensemble des connaissances relatives à l'évolution.

3. Récits d'actions, d'événements, réels ou imaginaires.

Exemple. *« Non mais, il y a trois histoires déjà, on avait dit que celle-là, c'était la dernière des dernières. Tu n'as pas l'impression de pousser le bouchon un peu trop loin Teddy-Maurice ? »*

✪ CONSEIL JUDICIEUX (OU PAS) :
Un peu de lecture favorise l'endormissement. Des parents, le plus souvent.

CELUI QUI A DIT UN JOUR :
"IL N'Y A RIEN DE PLUS PRÉCIEUX QUE LE RIRE D'UN ENFANT"
N'EST VRAISEMBLABLEMENT JAMAIS TOMBÉ
DANS LES ESCALIERS SOUS SES YEUX…
AH ! AH ! AH ! AH !
MÉMORABLE
10
9
10
ÉNORME
10
ENCORE !

HONTE : n.f.

1. Déshonneur humiliant.
Syn. Humiliation.

Exemple. *« Non, je ne comprends pas ce qui lui arrive. C'est la première fois qu'elle se roule par terre comme ça. Elle doit couver quelque chose. Allez viens Brenda-Ginette, on sort du magasin. » (M. Èregênée)*

2. Sentiment pénible de son humiliation devant autrui.

Exemple. *« Franchement Chouchounet, si je peux même plus te faire un gros bécot devant la grille du lycée... Je crois que tu te fais vraiment tout un monde de ce que pensent tes petits camarades ! Bonjour Kay-Kate ! » (M. Èresuperlourdingue)*

✪ CONSEIL JUDICIEUX (OU PAS) :
Ne fouillez pas dans les placards de vos ados, sinon honte à vous !

IDÉAL :
n.m.

1. Qui est conçu et représenté dans l'esprit sans être ou pouvoir être perçu par les sens.
Syn. Parfait, absolu.

2. Ce qu'on se représente comme type parfait ou modèle absolu dans l'ordre pratique, esthétique ou intellectuel.

3. Fantasme le plus souvent revu à la baisse.

Exemple. *« Dire que je rêvais que vous deveniez prix Nobel de la paix... À quoi bon, franchement... Je note que désormais vous éteignez quasiment systématiquement la lumière en sortant des toilettes et je suis joie ! »*

✪ CONSEIL JUDICIEUX (OU PAS) :
Sachez dire « À bas les images d'Épinal ! » et « Vive le joyeux chahut et la joie de vivre » !

IDOLE :
n.f.

1. Personne ou chose qui est l'objet d'une sorte d'adoration.
Syn. Fétiche.

Exemple. *« Je te répète que Violetta n'existe pas réellement ! »*

✪ CONSEIL JUDICIEUX (OU PAS) :
Souviens-toi du vase de Soissons ! Ne jette pas la pierre à ton enfant, ô toi, qui a placardé ta chambre avec des posters de Patrick Bruel et des NKOTB !
Bon, si son idole n'est autre que Patrick Sébastien ou Christian Morin, emmenez tout de même l'enfant consulter.

IMMUNITÉ : n.f.

1. Prérogative accordée par la loi à une catégorie de personnes.
Syn. Dispense.

Exemple. *« C'est bien parce que vous avez lavé la voiture que je ne dirai rien de tout ça à votre père. »*

2. Propriété que possède un organisme d'être réfractaire à certains agents pathogènes. En cours d'acquisition par Chouchounet, vous vaut deux visites par semaine chez votre médecin préféré.

Exemple. *« Je suis désolée d'annuler, mais si ton fils a une gastro, ce n'est même pas la peine de me téléphoner. On sort tout juste d'une otite doublée d'une sinusite et en plus c'est poux-party. »*

✪ CONSEIL JUDICIEUX (OU PAS) :
Il faudra bien passer par le stade des maladies infantiles, mais grouper les varicelles peut s'avérer pratique en faisant circuler la petite cuillère du premier de vos enfants touchés par ~~mauvais~~ exemple.

IMPOSSIBLE : adj.

1. Qui ne peut se produire, être atteint ou réalisé.
Syn. Irréalisable.

Exemple. *« À l'impossible, nul n'est tenu ! Hormis les mères de famille. » (C. Hallenge)*

2. Absurde, extravagant, invraisemblable.

Exemple. *« Donc, là, tu es réellement en train – si j'ai bien compris – de me demander de fabriquer pour demain matin, vingt-quatre tenues de licorne à paillettes pour le gala de danse ? »*

✪ CONSEIL JUDICIEUX (OU PAS) :
Lorsque de sérieux défis sont relevés, vous devenez l'idole de vos enfants. Attention cependant, un excès de miracles réalisés peut nuire à votre santé physique et mentale.

INDÉCISION :
n.f.

1. Manque de décision, caractère, état d'une personne indécise.
Syn. Hésitation, incertitude, doute, perplexité.

2. Caractère de ce qui est indécis.

Exemple. *« On ne va pas passer la nuit sur cette histoire de glaces ! Regarde ! Elles fondent ! Pour la soixante-dix-huitième fois : vanille ou chocolat ? Non, il n'y en a pas à la pastèque violette !!! »*

✪ CONSEIL JUDICIEUX (OU PAS) :
Arrangez-vous dans la mesure du possible pour ne pas avoir à proposer.
Le choix, c'est la mort.

INDICE : n.m.

1. Signe apparent qui indique avec probabilité.
Syn. Marque, signe, trace, méfait.

2. Ce qui indique, révèle quelque chose.

Exemple. *« Si je suis ton raisonnement – arrête-moi si je me trompe surtout : le paquet de bonbons s'est ouvert tout seul, vidé comme par magie sous tes yeux, et tu ne sais absolument pas pourquoi tes poches sont pleines d'emballages et ton menton tout couvert de chocolat, c'est bien ça ? »*

✪ CONSEIL JUDICIEUX (OU PAS) :
Faites confiance à votre instinct primaire qui s'aiguise à mesure que vos enfants grandissent.
Sachez rester disponible : la CIA et le FBI font régulièrement appel à des mères de famille pour dénouer des enquêtes ardues.

INTENTION : n.f.

1. Le fait de se proposer un certain but.
Syn. Idée, projet.

Exemple. *« Donc tu avais l'intention de faire tes devoirs, mais c'est la TV qui t'a détourné de ton but premier, c'est bien ça ? »*

2. Dessein ferme, prémédité.
Syn. Calcul, mobile.

Exemple. *« Le jury familial déclare l'accusé Frère-Aîné-Pénible coupable de la décapitation de la poupée de Petite-Sœur-Geignarde, et ce, avec l'intention de ficher en l'air la soirée de tout le monde. »*

✪ **CONSEIL JUDICIEUX (OU PAS) :**
Souvenez-vous que l'enfer est pavé de bonnes intentions. Et de Lego®, ça fait mal aux pieds les Lego®. Mettez vos chaussons quoi qu'il arrive.

INTIMITÉ : n.f.

1. Ce qui est intérieur et secret.

2. État de ce qui est personnel et privé, qui commence à disparaître dès lors que vous entamez un suivi de grossesse, et qui se voit totalement annihilé en cohabitation avec des enfants.

Exemple. *« Bon sang, mais je ne peux même pas avoir un peu d'intimité dans cette maison ? Une minute seule aux toilettes, c'est vraiment trop vous demander à tous les cinq ? »*

✪ CONSEIL JUDICIEUX (OU PAS) :

Munissez W.-C., salle de douche et de bains de verrous et utilisez-les ! Les serrures cinq points font de petits miracles. Seulement, ces enfants sont rusés (ce sont vos enfants) et connaissent vos points sensibles... Ils risquent d'abuser de cris pour vous faire sortir à la hâte de votre cachette.
Déterminez un laps de temps minimum, ainsi qu'un seuil de tolérance sonore avant de bondir.
Pas plus de dix minutes, tout de même, soyons sérieux.

INVENTION : n.f.

1. Action de trouver.

2. Action d'inventer.
Syn. Création, découverte.

3. Chose inventée, nouveauté scientifique ou technique.

Exemple. *« Je pense que l'utilisation de ton prototype de balayette W.-C. portative est assez limitée, mais je me trompe peut-être Géo-Trouvetou. »*

4. Faculté de construire dans l'imaginaire.

Exemple. *« En ce qui concerne la façon dont la baie vitrée s'est cassée, tu maintiens ta première version ? À savoir que c'est un Sith qui tentait d'échapper à un Jedi qui l'a fracassée ? »*

✪ CONSEIL JUDICIEUX (OU PAS) :
Positivez : ça fourmille d'idées dans ces petites têtes ! Ils tiennent de vous !

INVISIBILITÉ :
n.f.

1. Caractère, état de ce qui est invisible.
Syn. Imperceptibilité.

Exemple. *« Voilà ! J'ai fini de compter Poupounet ! J'arrive ! Je suis certaine que tu es formidablement bien caché, et que tu n'es pas du tout derrière ce rideau dont dépasse une paire de jambes ! »*

✪ CONSEIL JUDICIEUX (OU PAS) :
Arrêtez de jouer la gagne, bon sang !
Faites semblant de ne pas trouver votre enfant !
Non, mais, il faut tout vous dire !

JALOUSIE :
n.f.

1. Attachement vif et ombrageux.

2. Sentiment que l'on éprouve en voyant un autre jouir d'un avantage qu'on ne possède pas ou qu'on désirerait posséder exclusivement.
Syn. Dépit, envie, haine, ombrage.

Exemple. « *Mais prends donc cette poupée, Zaz-Guylaine, elle est parfaitement identique à l'autre ! Mais non, l'autre n'est pas plus identique…* »

✪ CONSEIL JUDICIEUX (OU PAS) :
Vos enfants devront peu à peu apprendre la frustration.
C'est beau, hein, quand c'est écrit...
Allez... Bon courage.

JOUET :
n.m.

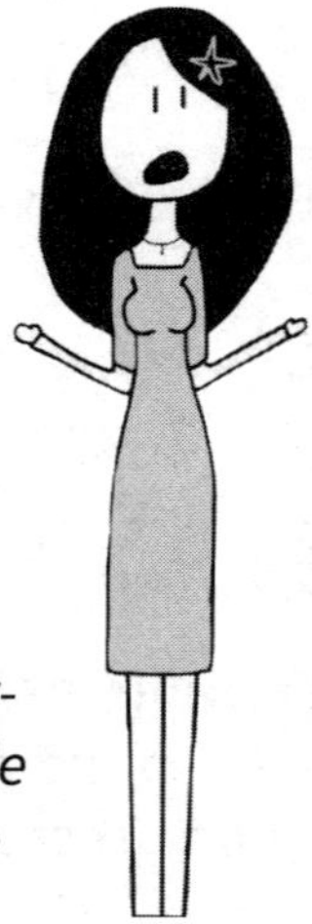

1. Personne dont on se moque, dont on se joue.

2. Objet dont les enfants se servent pour jouer.
Syn. Jeu, joujou.

Exemple. *« Pour la centième fois, rangez-moi un peu ce chantier, j'ai l'impression de vivre dans une succursale de Maxi-Totoys ! »*

2. Objets quelquefois doués de mauvaises intentions dont vous devez vous méfier.

Exemple. *« Bonjour Docteur, vous avez vu cette plaie ? Je me suis encore fait agresser en pleine nuit par un Playmobil® sournois, et c'est sans compter ce train qui ne fonctionne jamais sauf à 4 h du matin. Achevez-moi, s'il vous plaît. »*

✪ CONSEIL JUDICIEUX (OU PAS) :
Port conseillé de chaussons de sécurité et d'un casque.
Et gros yeux à toute personne de votre entourage qui évoque la possibilité d'offrir un jouet sonore à vos enfants.

LAISSER VOTRE ENFANT JOUER AVEC VOS AFFAIRES EST UNE EXCELLENTE IDÉE SI VOUS AVEZ L'ENVIE DE NE PLUS JAMAIS LES REVOIR.
IL PARAÎT QUE LE TRIANGLE DES BERMUDES EST TENU PAR UN ENFANT DE 3 ANS.
BERNARD-DONOVAN ? TU NE VOUDRAIS PAS T'AMUSER AVEC LE MAGNIFIQUE COLLIER FOLKLORIQUE FAIT DE PELOTES DE RÉJECTION DE HIBOU QUE MAMIE A OFFERT À MAMAN ?
JE T'EN SUPPLIE.

JURASSIQUE :
n.m.

1. Période qui s'étend d'environ -200 à -145 millions d'années. Le Jurassique constitue la période de l'ère mésozoïque laquelle est aussi connue sous le nom d'« ère des reptiles ». Le début du Jurassique est marqué par une extinction massive d'espèces.

2. Période à laquelle vous avez visiblement vécu d'après votre progéniture.
Syn. Moyen Âge, Égypte ancienne, Révolution.

Exemple. *« Combien de fois devrais-je vous dire que je n'ai jamais habité dans une grotte avec des dinosaures. Non mais sans blague, vous pensez que j'ai quel âge, bande d'ingrats ! Le prochain qui me dit ça, je lui envoie un T-Rex ! »*

✪ CONSEIL JUDICIEUX (OU PAS) :
Non mais, en vrai, de votre temps, il y avait des calèches, sinon ?

KETCHUP :
n.m.

1. Sauce anglaise préparée à base de jus de champignons et de tomates censée aromatiser un plat.

Exemple. *« Comme j'essaie de faire manger de tout à mon enfant en trichant un peu pour que ça ressemble à ce qu'il aime, aujourd'hui j'ai préparé des épinards en forme d'iPad®. »*

2. Sauce rouge que les enfants souhaitent ajouter à peu près à tout.

Exemple. *« Avec la choucroute, c'est non ! Pas avec le fromage enfin ! Avec la glace ? Non mais qu'est-ce qui cloche chez vous ? »*

✪ CONSEIL JUDICIEUX (OU PAS) :
Et avec les fraises, hein ?
À votre avis avec les fraises, c'est bon ?

LEVER :
n.m.

1. Le moment où un astre se lève, paraît sur l'horizon.

Exemple. *« Pourquoi faut-il donc vous tirer du lit tous les jours de semaine ! »*

2. Action de sortir du lit, à une heure plus ou moins variable.
Syn. Réveil.

Exemple. *« J'aurais dû me douter que tu te lèverais à l'aurore, nous sommes dimanche. »*

✪ CONSEIL JUDICIEUX (OU PAS) :
Les enfants sont, pour la plupart, mal réglés en ce qui concerne le réveil.
Ne cherchez pas, c'est un vice de forme, sorte de malfaçon qui s'estompe avec l'âge, et s'inverse au moment de l'adolescence.

LIESSE :
n.f.

1. Joie débordante et collective.

2. Réaction aussi drôle et surprenante que le plus souvent inattendue.
Syn. Allégresse.

Exemple. *« Ça vous dit de faire des crêpes ? »*
« J'ai retrouvé le carton de déguisements au grenier ! »
« Allez on se fait un repas apéro ? »
« Aujourd'hui on zappe le bain ! »
(M. Èreultracool)

✪ CONSEIL JUDICIEUX (OU PAS) :
Devant vos enfants qui hurlent leur joie, vous vous sentez l'espace d'un instant aussi influente et adulée que le chanteur vedette d'un boys band.

LIGUER :

V.

1. Unir dans une ligue.
Syn. Allier, coaliser, justiciers.

2. Associer dans un mouvement, dans une action.

Exemple. *« Hé ! Tout doux les amis, c'est quoi ce vent de révolte qui souffle en vous ? Et ne me regardez pas comme ça, c'est encore moi qui commande, hein ! Bon, d'accord, je laisse tomber les brocolis… Va pour des pâtes… »*

✪ CONSEIL JUDICIEUX (OU PAS) :

Ayez toujours à l'esprit qu'une supériorité numérique est risquée.
Sachez doser, et préférez agir en sous-marin : une main de fer dans un gant de velours vaut mieux que de gros sabots boueux.

LINGE : n.m.

1. Ensemble de pièces en toile de lin employées aux besoins du ménage.

2. Ensemble des sous-vêtements et pièces de l'habillement.

3. Tas sans fin qui s'autoalimente et duquel partent les fameuses chaussettes solitaires pour ne jamais revenir.

Exemple. *« Tiens, c'est marrant, je pensais avoir géré le linge hier, mais en fait il y a deux bacs à repasser et à ranger. Non, à la réflexion, ce n'est pas marrant. »*

✪ CONSEIL JUDICIEUX (OU PAS) :
Difficile de conseiller quoi que ce soit, à part, peut-être, de se lancer dans le naturisme.

LOBOTOMIE : n.f.

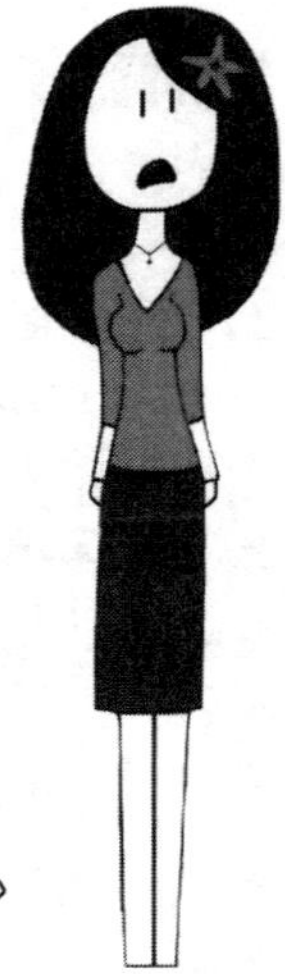

1. Section de fibres nerveuses à l'intérieur du cerveau par une opération ou par le visionnage en continu d'épisodes de Dora, Sam le Pompier ou encore Dino Train.

Exemple. *« Faites quelque chose Docteur, je vous en supplie. Je me suis rendu compte ce matin que je regardais des dessins animés alors que j'étais seule chez moi !!! » (F. Rapadingue)*

✪ CONSEIL JUDICIEUX (OU PAS) :

Ne ménagez pas vos méninges (hyperdur à dire, essayez). Lisez, comptez, retenez au lieu de faire des listes dont, de toute façon, vous ne viendrez jamais à bout.
Cependant rassurez-vous, ce genre de problème est propre à la petite enfance : une fois l'arrivée des devoirs, vous allez vous remettre en selle rapidement.

LONGTEMPS :
adv.

1. Pendant un long espace de temps.
Syn. Longuement.

2. Période de temps plus ou moins longue, selon l'appréciation de l'individu concerné.

Exemple. *« Alors l'école c'est dans longtemps, enfin après les grandes vacances, et le père Noël il viendra dans longtemps-longtemps… Non, pas demain Chouchounet… dans beaucoup de dodos. »*

✪ CONSEIL JUDICIEUX (OU PAS) :
La notion de temps est ultra-difficile à appréhender pour les jeunes enfants. S'ils ne saisissent pas après plusieurs tentatives, faites diversion en feignant d'avoir vu un animal traverser la route.

MAGASIN :
n.m.

1. Lieu de dépôt de marchandises destinées à être conservées ou vendues.

2. Établissement de commerce où l'on expose des marchandises en vue de les vendre.
Syn. Boutique, commerce, échoppe.

3. Lieu de tentation puissance 1 000 s'il s'agit d'un magasin de jouets.

Exemple. *« Mais vous aviez promis d'écouter ! Non ! On ne peut pas prendre ça, ne fait pas de colère ma chérie. Relève-toi s'il te plaît, tout le monde nous regarde. Non Madame, c'est bien ma fille, je ne suis pas en train de l'enlever. Émile-Logan, repose ce sabre laser ! Ne déchire pas cette boîte ! »*

✪ CONSEIL JUDICIEUX (OU PAS) :
Faut-il en rajouter ? Tenez-vous, dans la mesure du possible, relativement éloignée de ces lieux de perdition.

MAISON : n.f.

1. Bâtiment d'habitation.
Syn. Construction, édifice.

2. Habitation, logement.
Syn. Chez-soi, demeure, domicile.

3. Intérieur du logement, qu'il s'agisse d'un appartement ou d'une maison individuelle et dont vous êtes l'employée à temps plein bien malgré vous, et certaines fois en emploi secondaire.
Syn. Bercail.

Exemple. *« Donc c'est à moi de ramasser toutes les chaussettes qui traînent, si j'ai bien compris ? Tiens, une petite voiture dans le four à micro-ondes, tout est normal, je suis bien chez moi. »*

✪ CONSEIL JUDICIEUX (OU PAS) :
Lorsque vous saturez et que votre intérieur ressemble, malgré vos tentatives désespérées pour garder la main, plus à une décharge qu'à la maison de Bree Van de Kamp, élisez domicile chez vos voisins.

MALADE : adj.

1. Dont la santé est altérée, qui souffre de troubles organiques et fonctionnels.
Syn. Atteint, indisposé, souffrant.

2. État plus moins variable en ce qui concerne les affections infantiles.
Syn. Moribond.

Exemple. *« Allô Maîtresse ? Je sais bien que je vous ai téléphoné il y a à peine deux heures pour vous signaler un état de mort imminente, mais depuis que nous avons passé le seuil du cabinet médical, François-Nikos danse la Carioca… Encore un cas de guérison spontanée… Vous êtes certaine que je ne peux plus l'emmener, même pour une heure ? »*

✪ CONSEIL JUDICIEUX (OU PAS) :
Primo : toujours vérifier la température.
Secundo : proposer un mets rare et raffiné pour tester l'appétit (chips, glaces ?)
Tertio : observer le suspect à la dérobée pour surprendre les cas de simulation.

MANÈGE :
n.m.

1. Exercice que l'on fait faire à un cheval pour le dresser.
Syn. Équitation.

2. Attraction foraine où des chevaux en bois, puis des animaux de toutes sortes sont disposés de façon circulaire autour d'un axe et entraînés par lui.

Exemple. « *J'avais pourtant bien précisé que vous ne feriez qu'un seul tour, en plus je n'ai plus de monnaie ! Lâche cet hélicoptère, Stacy-Régine, lâche !* »

3. Comportement habile et artificieux pour arriver à ses fins.
Syn. Intrigue, machination.

Exemple. « *Tu crois que je n'ai pas compris ton manège Tom-Cruise ? Tu mets la table pour que je te permette d'inviter le voisin à venir jouer. Passe l'aspirateur et la serpillière et ce sera marché conclu.* »

✪ CONSEIL JUDICIEUX (OU PAS) :
Faite croire à vos enfants qu'il n'est pas permis de monter dans un manège sans avoir une carte de membre, mais qu'ils ont toutefois la permission de regarder. Quelle bonté d'âme.

MAMAN :
n.f.

1. Personne sublime, et toujours objective, propriétaire d'un ou plusieurs enfants.

2. Être humain multitâches (et souvent taché) jonglant (sans les mains, déjà occupées) avec les maladies, devoirs, activités extrascolaires, vie sociale, parfois travail, obligations ménagères, et quoi ? Sa vie de femme ?

3. Femme qui râle souvent, mais qui aime tout de même sa progéniture.
Syn. Shiva, déesse, magicienne, gourou, divinité, masochiste, dresseuse de fauves, agent de star hollywoodienne…

Exemple. *« Maman a bien mérité un mojito, elle a réussi à survivre au goûter d'anniversaire de Chouchounet sans planter l'un d'entre vous avec une fourchette. »*

✪ CONSEIL JUDICIEUX (OU PAS) :
Restez comme vous êtes : vous êtes formidables !

FANTASTÉNERVORIPILINCROYABÉPUISAVEILLEUX.
VOILÀ LE MOT QUI DÉFINIT CE QUE JE RESSENS QUAND JE SUIS AVEC MES ENFANTS.
BON, OK, FAUT TROIS MOJITOS POUR LE PRONONCER CORRECTEMENT.

MÉDECIN : n.m.

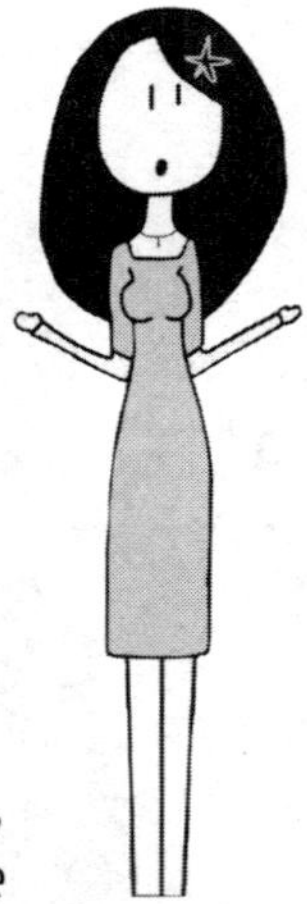

1. Personne qui exerce la médecine.
Syn. Docteur, toubib.

2. Individu que vous finissez par connaître bien mieux que votre meilleur ami, et dont la salle d'attente devient votre résidence secondaire.

Exemple. *« Salut, Régis, alors voyons… L'otite de Roland-Garros va mieux, la conjonctivite de Zahia-Fernande est guérie, je viens aujourd'hui pour une gastro de groupe : merci qui ? Merci Félix-Kendji ! »*

✪ CONSEIL JUDICIEUX (OU PAS) :
Lavez-vous les mains et serrez les dents.

MENACE :
n.f.

1. Manifestation par laquelle on marque à quelqu'un sa colère avec l'intention de lui faire craindre le mal qu'on lui prépare.
Syn. Avertissement, intimidation.

2. Chose tout à fait parentalement incorrecte et anti-pédagogique.
Syn. Tu vas voir !

Exemple. *« Mon petit bouchon... Je ne vais pas te dire que si ta chambre n'est pas redevenue praticable dans l'heure, je te débite en morceaux de cinq centimètres, mais je vais te conseiller, pour des raisons d'hygiène évidentes, d'agir au plus vite... Compris ? »*

✪ CONSEIL JUDICIEUX (OU PAS) :
Tentez d'instaurer des signaux d'alerte avant-coureurs que vos enfants puissent appréhender : roulement d'yeux féroces, haussement de sourcils excédés, ou autres gestes discrets et tout en retenue, décelables uniquement par les membres de votre famille.

MENSONGE :
n.m.

1. Assertion sciemment contraire à la vérité, faite dans l'intention de tromper.
Syn. Fable, histoire, invention, blabla.

2. Fait durement jugé par les adultes s'il provient d'un enfant, et cependant pratiqué de temps à autre par ceux-là même.
Syn. Deux poids deux mesures.

Exemple. *« Alors comme ça, tu n'avais pas de devoirs ! Passe-moi le cahier que tu viens de planquer sous ton lit ! Comment ça, je bois un mojito ? Meuh non ! C'est de l'eau gazeuse aromatisée à la menthe, au rhum et au sucre de canne... Et ne change pas de sujet, veux-tu ! »*

✪ CONSEIL JUDICIEUX (OU PAS) :
Vous êtes irrécupérable, c'est pas beau de mentir...
Et encore moins d'exiger ensuite que ses enfants ne fassent pas de même. Personnellement je ne mens *jamais*...

MER : n.f.

1. Vaste étendue d'eau salée qui couvre une grande partie de la surface du globe.
Syn. Océan.

2. Endroit et ses abords, où vous rêvez de passer tranquillement quelques heures en pensant profiter de la vue tout en observant du coin de l'œil vos chers petits batifoler.

Exemple. *« Nan ! Pas si loin Dylanette : tu vas te noyer ! Argh ! Qui m'a lancé du sable dans les yeux ! Ne tire pas sur mon maillot de bain ! Pardon, Madame, je suis confuse, vous ne faisiez plus rien de ce chiffon, j'imagine… Ah… c'est votre paréo… »*

✪ CONSEIL JUDICIEUX (OU PAS) :
Patience, vos enfants vont grandir !
Bientôt, ils vous ridiculiseront au concours de château de sable, pour finir par vous snober définitivement.

MÉTÉOROLOGIE : n.f.

1. Étude scientifique des phénomènes atmosphériques.
Syn. Temps.

2. Ensemble des phénomènes régis par une instance supérieure qui se joue généralement de vos plans.
Syn. Le lundi au soleil. (C. François)

Exemple. *« C'est drôle qu'il fasse si beau aujourd'hui alors qu'hier, 11 juillet, nous avions douze enfants de moins de 8 ans à occuper sous des trombes d'eau. » (M. Érepositive)*

✪ CONSEIL JUDICIEUX (OU PAS) :
Sachez toujours où se trouvent bottes et parapluies.
Surtout en Normandie.
Même l'été.

MÉTIER :
n.m.

1. Tout genre de travail déterminé ou reconnu par la société et dont on peut tirer ses moyens d'existence.
Syn. Profession, boulot, job.

Exemple. *« Il faut de tout pour faire un monde mon chou, je suis bien d'accord, seulement je ne vois pas bien quel cursus te conseiller pour devenir dresseur de licornes. »*

2. Habileté technique que confère l'expérience d'un métier.
Syn. Expérience, maîtrise.

Exemple. *« Vous voulez que je traduise ce que baragouine cet enfant de 2 ans ? À l'aise ! Je vous rappelle que j'ai huit ans de métier ! Une pelle à tarte ! Voilà ! Il veut une pelle à tarte ! Ou du chocolat, ou un igloo, je ne suis pas bien sûre. »*

✪ CONSEIL JUDICIEUX (OU PAS) :
Permettez à vos enfants de croire en leurs rêves les plus fous.
Oui, même de devenir Buzz l'Éclair.
Ça va pas être facile, c'est certain, mais débrouillez-vous.

MODE : n.f.

1. Manière individuelle de vivre, d'agir et de penser.
Syn. Convenance, manière.

2. Goûts collectifs, manières passagères de vivre qui paraissent de bon ton dans une société déterminée.
Syn. Vogue, style.

Exemple. *« Je sais bien qu'il y a des endroits dans le mode où roter à table fait office de remerciement, mais ne pense pas une seconde lancer cette mode sous mon toit Guy-Dylan. »*

3. Habitudes collectives et passagères en matière d'habillement.

Exemple. *« Quand je t'ai dit que tu avais carte blanche pour choisir tes vêtements, je ne pensais à ce genre d'association un peu extrême. Non, là, vraiment, je suis désolée de te dire ça, mais on pourrait croire que c'est ton père qui t'a habillée. »*

✪ CONSEIL JUDICIEUX (OU PAS) :
Si votre progéniture ne veut pas admettre que les modes finissent par passer, sortez des photos de vous en sous-pull synthétique, ça devrait calmer tout le monde.

TU SAIS QUE JE T'AIME, TOI ?
QUI EST-CE QUI S'EXPRIME ? LE MOJITO, OU BIEN TOI ?
POUR ÊTRE PARFAITEMENT HONNÊTE, RAYMOND-JORDAN, JE M'ADRESSAIS AU MOJITO
6inthecity.fr
Sixinthecity

MOJITO :
n.m.

1. Cocktail à base de rhum, de citron vert et de feuilles de menthe.
Syn. Apéro.

Exemple. *« J'ai enfin terminé de rapiécer ces douze tenues de basket... Va chercher de la menthe, Éric-Logan, Maman a bien mérité un petit mojito. »*

2. Spécialité cubaine désaltérante et aux vertus déculpabilisantes.
Syn. Mojitovement vôtre, à mojiter avec mojitération.

✪ CONSEIL JUDICIEUX (OU PAS) :
Bien évidemment vous pouvez opter pour un mojito sans alcool (virgin mojito), ou encore pour une caïpirinha, un Cuba libre... : nous ne sommes pas sectaires !

MYSTÈRE : n.m.

1. Rite, culte, savoir, réservé à des initiés.
Syn. Ésotérisme.

Exemple. *« Tu peux pas comprendre, Maman, c'est un truc rapport au collège… » (A. Dorebelle)*

2. Ce qui est, ou est cru, inaccessible à la raison humaine.

Exemple. *« Je veux bien que ce soit le tube de l'été, mais ne viens pas me dire que tu trouves réellement cette chanson mélodieuse ! »*

3. Ce qui a un caractère incompréhensible, très obscur.

Exemple. *« Monsieur l'Inspecteur, j'ai placé dix chaussettes dans cette machine, je suis formelle ! Comment expliquez-vous qu'à l'ouverture du tambour il n'y en ait plus que quatre, dont une qui n'appartient à aucun membre de cette famille ? »*

✪ CONSEIL JUDICIEUX (OU PAS) :
Sujet : Veuillez expliquer pourquoi vos enfants, qui passent pourtant le plus clair de leur temps à se battre s'entendent à merveille et jouent le plus calmement du monde au moment du coucher.
Vous avez deux heures.

NERF :
n.m.

1. Chacun des filaments qui mettent les diverses parties du corps en communication avec le cerveau et la moelle épinière.
Syn. Neuronal.

2. Considéré comme ce qui supporte les excitations extérieures ou les tensions intérieures.
Syn. Nerveux.

Exemple. *« C'est bien simple, si cette balle rebondit une fois de plus contre la fenêtre, je ne réponds plus de rien ! »*

3. Ce qui fait la force active, la vigueur physique d'une personne.

Exemple. *« Allez du nerf, mes petits poulets ! Ah ! Vous aviez envie d'une petite balade... Courage : plus que cinq kilomètres et on s'arrête pour goûter. »*

✪ CONSEIL JUDICIEUX (OU PAS) :
Notez les incroyables variations du seuil de tolérance de l'être humain. Certains jours, vous réussirez à supporter des choses qui défient l'entendement, tandis que d'autres, vous démarrerez au quart de tour pour une sombre histoire de chaussure qui traîne.

NEZ :
n.m.

1. Partie saillante du visage, située dans son axe, entre le front et la lèvre supérieure et qui abrite la partie antérieure des fosses nasales, organe de l'odorat.
Syn. Pif, blase, tarin.

2. Zone de l'organisme sujette régulièrement à des affections bénignes donnant lieu à des écoulements.

Exemple. *« Tu venais faire un gros câlin à Maman, mon poussin ! Ah non… tu venais simplement te moucher sur mon pantalon. »*

✪ CONSEIL JUDICIEUX (OU PAS) :
Pour lutter contre les manches qui finissent immanquablement par servir de mouchoirs, optez pour des polos manches courtes.
Oui, même en hiver.
Cependant, attendez-vous à ce que vos enfants retombent malades.
C'est ce qui s'appelle un cercle vicieux.

NUIT :
n.f.

1. Obscurité résultant de la rotation de la Terre.

2. Espace de temps qui s'écoule depuis le coucher jusqu'au lever du soleil.
Syn. Ciel étoilé, cauchemar, obscurité.

Exemple. *« Bon sang ! 7 h ! C'est incroyable ! Chéri : réveille-toi ! Il est 7 h ! On a fait une grasse matinée ! »*

3. Période constituée d'un nombre d'heures plus ou moins variable, et plus ou moins entrecoupée de pauses, en fonction d'un certain nombre de facteurs.

Exemple. *« Ça ne me dérange pas de venir ramasser ton doudou toutes les cinq minutes… Et surtout n'hésite pas à m'appeler si tu penses qu'il y a un dinosaure dans ta chambre, ou encore si tu as envie d'aller faire un petit tour aux toilettes alors que tu as cinq veilleuses sur le parcours. »*

✪ CONSEIL JUDICIEUX (OU PAS) :
Pour compenser, grattez tout ce que vous pouvez en microsiestes dans la journée (aux toilettes, sous la douche, dans la rue…).

Ah... Le fameux "moment du coucher"...
Un temps de communion au cours duquel tous les enfants se posent subitement une question existentielle, éprouvent une soif soudaine, et s'interrogent tout à coup sur le mode de fonctionnement de leur veilleuse
Maman ! C'est quoi la physique quantique ?

NUTRITION :
n.f.

1. Transformation et utilisation des aliments dans l'organisme.
Syn. Miam.

2. Dilemme permanent pour la mère de famille qui s'échine à faire manger ses enfants le plus sainement possible avec un taux de réussite assez souvent décevant.
Syn. Repas.

Exemple. *« Je ne sais pas ce qui est le plus risible : passer des heures à vous faire de bons petits plats bio pour que vous viviez le plus longtemps possible, ou avoir envie de vous étrangler quand vous n'en voulez pas ? »*

✪ CONSEIL JUDICIEUX (OU PAS) :
Normalement le ketchup masque à peu près tous les légumes.

OBJECTIVITÉ : n.f.

1. Qualité de ce qui existe indépendamment de l'esprit.
Syn. Convenance, manière.

2. Qualité de ce qui est exempt de préjugés, de partialité.
Syn. Impartialité.

Exemple. *« Tu as raison de trouver que ma mousse au chocolat est la meilleure du monde. C'est la stricte vérité. »*

3. Qualité qui disparaît de façon concomitante à l'arrivée d'un enfant dans le foyer.

Exemple. *« Oh, mon amour, tu es le plus joli bébé de l'Univers ! Regardez-moi ce regard profond et cet air malin. On vient de pondre le nouvel Einstein avec le physique de David Beckham, je le sens. »*

✪ CONSEIL JUDICIEUX (OU PAS) :
En même temps, c'est bon signe tout ça !
Essayez toutefois de prendre de temps en temps un minimum de recul.
Non, cette bouse reçue à l'occasion de la fête des mères et qui est censée représenter *La Joconde* n'est pas plus réussie que l'original.

ONGLE :
n.m.

1. Lame cornée, implantée sur l'extrémité dorsale des doigts de l'homme.

2. Griffe des carnassiers, ou des nouveau-nés.
Syn. Serres.

3. Partie du corps extrêmement ardue à entretenir chez les moins de 2 ans. Le fait de couper les ongles met l'enfant dans une rage telle qu'il est difficile d'en gérer plus de deux par séances (cf. exorcisme).

Exemple. *« On verra la main gauche la semaine prochaine. D'ici là, que personne ne s'approche de Dragibus, il est trop dangereux. »*

✪ CONSEIL JUDICIEUX (OU PAS) :
Installez un grattoir et demandez à votre chat de donner des cours à vos tout-petits.

✪ M comme... Maman a bien mérité un petit mojito ! ✪

OUBLI :
n.m.

1. Défaillance de la mémoire portant sur des connaissances acquises ou des souvenirs.
Syn. Absence, lacune, amnésie.

Exemple. *« Non, ce que je trouve curieux, c'est la sélectivité de ta mémoire. Tu es incollable sur le nom des Pokémon®, par contre pour ce qui est des tables… »*

2. Fait de ne pas effectuer ce qu'on devait faire, de ne pas tenir compte d'une règle plus ou moins volontairement.
Syn. Étourderie, inattention.

Exemple. *« C'est la quatrième fois de la semaine que tu reviens sans ton cartable. Il y a une signification cachée à cela, peut-être ? »*

✪ CONSEIL JUDICIEUX (OU PAS) :
C'est trop bête, j'avais un super conseil, mais je l'ai oublié.

OUÏE :
n.f.

1. Sens qui permet la perception des sons.
Syn. Oreille.

2. Organe à sélection subjective.

Exemple. *« Qui veut bien sortir les poubelles ?... Sortir le chien ?... Quelqu'un veut des chips ? (cavalcade dans les escaliers). »*

✪ CONSEIL JUDICIEUX (OU PAS) :
À l'inverse, soyez extrêmement prudent : un enfant détecte l'ouverture d'un paquet de bonbons à plus de cinq cents mètres.

PAIX :
n.f.

1. Rapport entre personnes qui ne sont pas en conflit, en querelle.
Syn. Accord, concorde, entente.

Exemple. *« Je demande une trêve, les enfants, déposez les armes. Oui, toi aussi John-Régis, pose calmement cette massue en plastique et éloigne-toi lentement du couteau à beurre. Nous allons tirer au sort ce dernier caramel si ça fait tant d'histoires ! »*

2. État d'une personne que rien ne vient troubler.
Syn. Repos, tranquillité.

Exemple. *« Je sais pas encore bien comment je vais m'y prendre pour localiser l'endroit, mais le seul moyen pour moi de trouver la paix cinq minutes, c'est de trouver le lieu où vont se terrer les chaussettes disparues. »*

✪ **CONSEIL JUDICIEUX (OU PAS) :**
Achetez un calumet factice pour le protocole.

PARDON : n.m.

1. Action de pardonner.
Syn. Absolution, amnistie, grâce, indulgence.

Exemple. *« Ça y est, vous vous êtes rabibochés pour cette histoire de tête de poupée ? Comment ça ?! Vous jouez au Moyen Âge et pour avoir le droit à ta miséricorde, ton frère joue le rôle de l'écuyer ? »*

2. Formule de politesse par laquelle on s'excuse (de déranger quelqu'un, de demander un service, ou de faire répéter une phrase que l'on a mal comprise).
Syn. Comment ?

Exemple. *« Pardon ? Tu m'as appelée comment, là ? »*

✪ CONSEIL JUDICIEUX (OU PAS) :
Essayez de rester en dehors des bagarres fratricides qui peuvent s'avérer impressionnantes mais se résolvent le plus souvent rapidement.
Bientôt vos enfants se seront suffisamment réconciliés pour se liguer contre votre gratin de choux-fleurs.

PARTAGE :
n.m.

1. Action de diviser ; son résultat.
Syn. Répartition.

2. Division en parties.
Syn. Égoïsme, équitable.

Exemple. *« Fernand-Nathan, tu as mangé tous les gâteaux et ton frère n'en a eu aucun ! Qu'est-ce que ça signifie ? Pardon ? Que tu as gagné ?!? »*

✪ **CONSEIL JUDICIEUX (OU PAS) :**
Achetez une balance électronique si ce n'est pas déjà fait, et ne sous-estimez pas les couleurs lors de la distribution de bonbons.
Un Dragibus® noir vaut deux bleus, tout le monde sait ça.

PATIENCE : n.f.

1. Vertu qui consiste à supporter les désagréments et les malheurs, qui s'amenuise plus rapidement lorsque vous avez des enfants.
Syn. Résignation, sang-froid.

Exemple. *« Zut, les enfants, je dois vous laisser quelques instants ! Il faut que je retourne au supermarché : j'ai totalement oublié de prendre un baril de patience, deux paquets d'abnégation et un carton de courage. À tout de suite ! »*

2. Qualité, disposition d'esprit de celui qui sait attendre en gardant son calme.

Exemple. *« Mais qu'est-ce que vous ne saisissez pas dans l'expression «À table !» ? Je compte jusqu'à 5 ! »*

3. Qualité qui fait qu'on persévère dans une activité.
Syn. Constance, courage, persévérance.

Exemple. *« C'est bien Raymond-Dylan, je suis certaine que tu vas réussir à faire tes lacets tout seul. Enfin… Tu es bien certain de ne pas vouloir que je t'aide ? Parce que là, l'école a commencé il y a une bonne heure… Non ? OK, OK lâche ce couteau. Autonomie, autonomie… »*

✪ CONSEIL JUDICIEUX (OU PAS) :
Prenez de quoi vous concocter des mojitos en plus du reste des courses susnommées.

PERMISSION : n.f.

1. Action de permettre ; son résultat.
Syn. Autorisation, consentement.

Exemple. *« Bon, on va reprendre calmement. Quand je vous ai donné la permission de faire une bataille d'eau, je ne pensais pas une seconde au Kärcher®, ni à l'intérieur de la maison. »*

✪ CONSEIL JUDICIEUX (OU PAS) :

Soyez toujours extrêmement précise dans vos réponses, et choisissez les mots que vous prononcerez avec soin. N'hésitez pas à assortir une permission d'un cahier des charges, contraignant, mais efficace.

LA THÉORIE DE LA RELATIVITÉ ENFANTINE.
À TABLE !
J'ARRIVE !
ON NE VA PAS SE MENTIR…
LA SEULE CERTITUDE QUE JE PUISSE AVOIR, À L'INSTANT PRÉSENT, EST QUE MON ENFANT N'EST VISIBLEMENT PAS SOURD.

RELATIVITÉ : n.f.

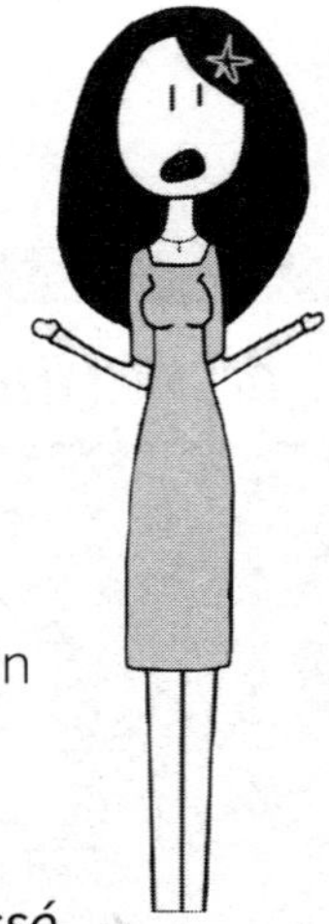

1. Caractère de ce qui dépend d'autre chose.

Exemple. *« Il est déconcertant de constater à quelle vitesse tu es capable de boucler tes devoirs pour aller jouer chez Jo-Félicien. »*

2. Vision des choses en fonction d'un certain point de vue.
Syn. Arnaque, objectivité, poudre aux yeux.

Exemple. *« Oui, dans l'absolu tu t'es «brossé les dents» Régina-Cindy. Pourtant je suis désolée d'insister : deux secondes, ce n'est pas suffisant. »*

✪ CONSEIL JUDICIEUX (OU PAS) :
Apprenez à relativiser, si besoin avec l'aide d'une boisson mentholée.

REPAS :
n.m.

1. Nourriture, ensemble d'aliments divers. Pâtes.
Syn. Nourriture.

Exemple. *« Oh ! Ça va, hein. Ça n'a jamais tué personne de manger des pâtes six jours d'affilée. Mais prenez quand même une compote en dessert. »*

2. Action de se nourrir, répétée quotidiennement. Moment durant lequel vos fesses ne touchent qu'épisodiquement l'assise de votre chaise.
Syn. Déjeuner, pique-nique, goûter, en-cas.

Exemple. *« Les morceaux sont encore trop gros ? Eh bien mâche ! »*

✪ **CONSEIL JUDICIEUX (OU PAS) :**
Voyez cet exercice comme un jeu de mémoire (bam !, il manque la mayo et une fourchette), ainsi que comme un entraînement de fitness (l'alternance assise/debout est excellente pour le grand fessier).
Mais ne vous endormez pas : hop ! hop ! hop ! La purée de Jean-Satan est trop froide !

RÉPÉTITION : n.f.

1. Le fait d'être dit, répété plusieurs fois.
Syn. Radotage, rengaine.

Exemple. *« Je crois qui si je répète une seizième fois «À table !», j'implose… Et ça vous fait rire, évidemment. »*

2. Le fait de reproduire.
Syn. Recommencement, réitération.

Exemple. *« Non, ce n'est rien, ça fait simplement trois fois que je plie ces trois bassines de linge, je peux bien recommencer une quatrième fois. Éloigne-toi de moi quand même, j'ai les mains qui tremblent. »*

✪ CONSEIL JUDICIEUX (OU PAS) :
C'est comme ça ! Vous ne pensiez tout de même pas que devenir parent se résumait à se faire porter des petits-déjeuners au lit et à gambader dans des champs de fleurs, non ?

RETARD :
n.m.

1. Fait d'arriver après le moment fixé.
Voir également. Dommage.

Exemple. *« Mais enfin, Monsieur le Directeur, je ne dois pas être la seule à trouver que 8 h 30, c'est bien trop tôt pour démarrer la journée ! »*

2. Fait de ne pas fonctionner à l'allure normale mais moins vite.
Voir également. Mollusque, gastéropode.

Exemple. *« Je crois qui si tu te prépares encore plus lentement, tu vas retourner dans le passé Kévin-Maximilien. »*

✪ CONSEIL JUDICIEUX (OU PAS) :
Munissez-vous de sifflets, mégaphones et Taser® pour favoriser l'éveil de ceux qui ont un léger souci au démarrage. Et puis mettez votre propre réveil plus tôt, bon sang faut vraiment tout vous dire.

RITUEL :
n.m.

1. Qui constitue un rite.

Exemple. *« John-Wayne, concernant cette sale histoire de monstres dans le placard, j'avais pensé à de l'encens. »*

2. Ensemble de faits, habituels et précis, effectué entre autres au coucher.
Voir également. Deux plombes minimum.

Exemple. *« Allez, c'est parti, Mélissa-Métissedibiza, on commence par le lavage de dents, pipi, puis le verre d'eau, l'histoire numéro un, la petite crise suite à la fin de l'histoire, ensuite on reprend avec un repipi pour être sûr, on se fait plaiz avec un verre d'eau «Non pas dans celui-là, il est pas à moi, moi c'est le bleu», et ensuite cinq histoires et cette fois-ci ce sera vraiment fini. On est bien d'accord ? »*

✪ CONSEIL JUDICIEUX (OU PAS) :
Faites diversion avec le monstre dans le placard pour abréger.

SILENCE : n.m.

1. Fait de ne pas parler.
Syn. Mutisme.

Exemple. *« Ben alors on fait du boudin Rambo-Reynald ? C'est pas si raté que ça, je t'assure. Bon, OK… La prochaine fois, promis, je t'emmènerai chez le coiffeur… »*

2. Absence de bruit, d'agitation, état (suspect) d'un lieu où aucun son n'est perceptible.
Syn. Chelou, méfiez-vous de l'eau qui dort.

Exemple. *« Oh ! Mon Dieu ! Je vais devoir raccrocher, je commence à paniquer. Ça doit faire cinq bonnes minutes qu'ils sont montés à l'étage et je n'entends pas un bruit !!!! »*

✪ CONSEIL JUDICIEUX (OU PAS) :
Sachant que l'énormité de la bêtise est généralement proportionnelle à la longueur du silence.
Ne perdez pas de temps à lire ce guide aux conseils idiots et courez !!!

SORTIE :
n.f.

1. Avoir un projet de sortie.
Syn. Youhou !

Exemple. *« Donnez-moi un S, donnez-moi un O, donnez-moi un R, donnez-moi un T, donnez-moi un I, donnez-moi un E ! Nous allons au restaurant ce soir ! Ah non, faux départ, Chabichou a de la fièvre. »*

2. Action de sortir pour faire quelque chose.
Syn. Tour du monde, sortie scolaire.

Exemple. *« Ça fait trois semaines que je me prépare mentalement pour la sortie scolaire de Michel-Mickael. Les trois classes de petite section vont visiter la ferme de la truite anémiée. »*

✪ CONSEIL JUDICIEUX (OU PAS) :
Pratiquer régulièrement des sorties scolaires permet de tester sa vigilance et son self-control.
Et de perdre dix années de vie aussi.

SOUVENIR : n.m.

1. Revenir à la mémoire.

Exemple. *« Je t'en supplie, essaie de réfléchir Lucinda-Fernande, concentre-toi : où as-tu caché les clés de la voiture ? «Dans la maison» n'est pas une réponse ! »*

2. Expériences passées qui reviennent ou peuvent revenir à l'esprit.
Voir également. Réminiscence, mytho.

Exemple. *« Je ne veux te froisser ma puce, mais je te promets que nous ne sommes jamais allés visiter un parc où il y avait plein de dinosaures… Lâche ce pic à glace… OK, OK, on a vu plein de T-Rex, des tonnes de T-Rex, deux mille environ. Et ils étaient orange, noirs et arc-en-ciel. »*

✪ **CONSEIL JUDICIEUX (OU PAS) :**
Notez dans un carnet (à spirales ou pas) les bons mots de vos adorables bouchons pour quand vous serez vieille, triste, seule et désespérée.

SPECTACLE :
n.m.

1. Ensemble de faits ou de choses qui s'offrent au regard, capable de provoquer des réactions. Le plus souvent dans des zones à fortes fréquentions et lorsque vous devez impérativement vous rendre d'un point A à un point B au plus vite.
Syn. Colère.

Exemple. *« Non, c'est rien, je vous assure, une sombre histoire de paquet de bonbons Madame... Mais j'ai des principes, je ne céderai pas. Si j'ai besoin d'un négociateur ? Bon OK Francis-Lalanne, va pour les crocodiles, mais hors de question que je lâche sur les Carambar®, non mais ! »*

2.Représentation théâtrale, musicale ou cinématographique présentée à un public au cours d'une séance.
Syn. Fête de l'école, chorale, gala...

Exemple. *« C'est bien simple, si j'entends une fois de plus Marie Myriam ou Yves Duteuil, je prends la prof en otage. »*

→

✪ CONSEIL JUDICIEUX (OU PAS) :
Pour éviter que votre enfant ne se roule par terre pour une raison ou pour une autre et recevoir ainsi les regards courroucés des passants indignés par la forcément mauvaise maman que vous êtes, une seule solution : ne le sortez pas. (C'est évidemment une blague, sortez-le tout de même un minimum [mais évitez les heures de pointe dans les magasins].)

SPORT :
n.m. ou adj.

1. Activité physique exercée dans le sens du jeu, de la lutte et de l'effort et dont la pratique suppose un entraînement méthodique.
Voir également. Challenge.

Exemple. *« Record battu ! Huit parures de draps changées en une demi-nuit ! Gastro de compet' Edmond-Logan ! »*

2. Être sport.
Voir également. Loyal, fair-play.

Exemple. *« Respect John-Snow, tu as su t'occuper de mater cette araignée pour ta Maman, prends donc un carré de chocolat pour ta peine. »*

✪ CONSEIL JUDICIEUX (OU PAS) :
Vous avez des enfants en bas âge et vous plaignez quotidiennement de ne pouvoir vous adonner comme vous le voulez à votre sport favori ? (Quel bobard, ça vous arrange bien, oui !) Qu'à cela ne tienne : détournez vos gestes les plus fréquents !
Courses de haies au-dessus des Lego® qui jonchent le sol, travail des abdos lors des levers successifs en pleine nuit, et même équitation lorsque vous acceptez de promener Bébé sur votre dos.

SURPRISE : n.f.

1. Action par laquelle on prend ou on est pris à l'improviste.
Syn. Piège.

Exemple. *« Non, je ne sentirai pas ton doigt, Bryan-René. »*

2. Plaisir ou cadeau fait à quelqu'un de manière à le surprendre agréablement.
Syn. Plan foireux.

Exemple. *« Mais bien sûr que j'apprécie le geste, mon chou… Toutefois, j'aurais préféré que tu débarrasses la table à l'ancienne, pas en mettant toute la vaisselle à la poubelle. »*

✪ CONSEIL JUDICIEUX (OU PAS) :
Ne promettez jamais une surprise à un enfant sans avoir du lourd en réserve.
Car lorsque vous penserez à une glace et claironnerez « J'ai une jolie surprise pour toi ! », attendez-vous à une réponse du genre « C'est bien vrai, on va chez Mickey ? »
Avec tact et mesure donc, la surprise, sous réserve de grosses déceptions.

TACHE :
n.f.

1. Petit espace de couleurs différentes dans un ensemble de couleur uniforme.

2. Surface salie par une substance étrangère.
Syn. Marque.

Exemple. *« Tiens, tu as une tache de propre sur ton tee-shirt, James-Raoul ! Petite baisse de régime ? »*

✪ CONSEIL JUDICIEUX (OU PAS) :
Franchement rien à faire.
On ne va tout de même pas les recouvrir d'une combinaison intégrale en tissu éponge, non ? Quoique…

✪ M comme... Maman a bien mérité un petit mojito ! ✪

TÉLÉPHONE :
n.m.

1. Instrument qui permet de transmettre des sons à distance.
Syn. Allô ?

2. Objet qui a la faculté de jeter le trouble dans une pièce lorsque vous tentez d'en faire usage alors même que le calme le plus absolu y régnait jusque-là.
Syn. Nan mais !

Exemple. *« Eh bien Copinette, je te rappelle dans dix-huit ans, je crois que ce sera plus simple. »*

✪ CONSEIL JUDICIEUX (OU PAS) :
Planquez-vous dans les toilettes et exprimez-vous par onomatopées pour faire le plus court possible.

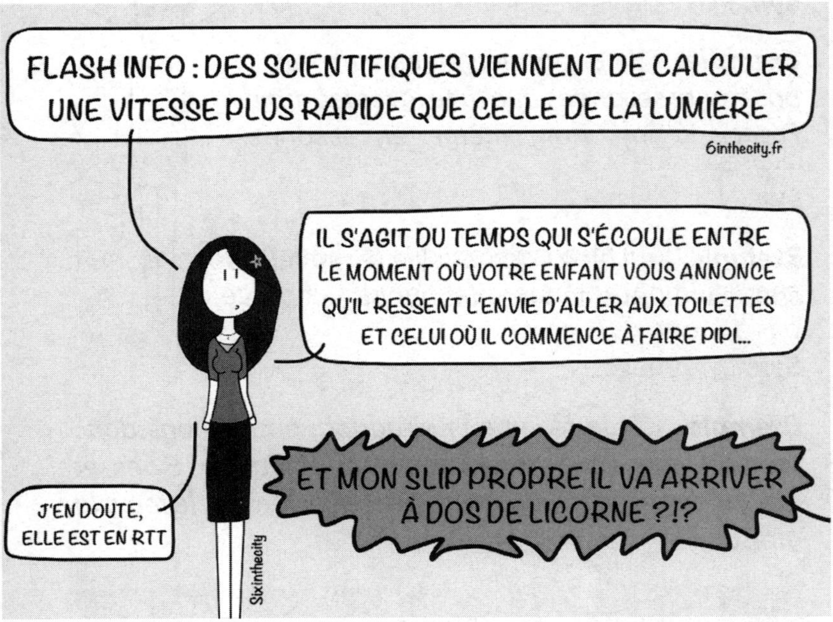
FLASH INFO : DES SCIENTIFIQUES VIENNENT DE CALCULER UNE VITESSE PLUS RAPIDE QUE CELLE DE LA LUMIÈRE
6inthecity.fr
IL S'AGIT DU TEMPS QUI S'ÉCOULE ENTRE LE MOMENT OÙ VOTRE ENFANT VOUS ANNONCE QU'IL RESSENT L'ENVIE D'ALLER AUX TOILETTES ET CELUI OÙ IL COMMENCE À FAIRE PIPI...
J'EN DOUTE, ELLE EST EN RTT
ET MON SLIP PROPRE IL VA ARRIVER À DOS DE LICORNE ?!?
Sixinthecity

TEMPS :
n.m.

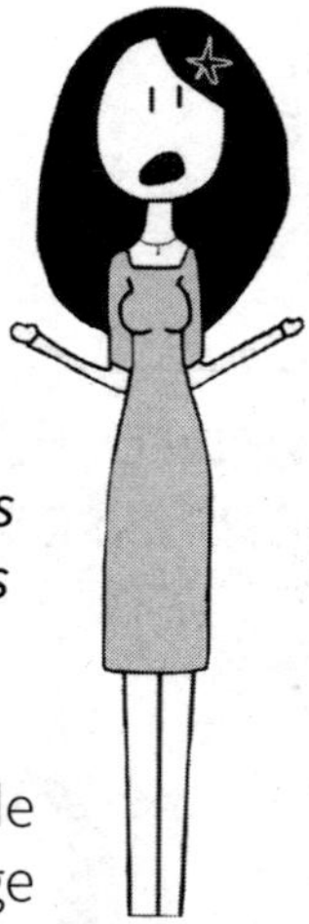

1. Durée globale ou portion limitée de cette durée globale.
Syn. Point de vue, relativité.

Exemple. *« Je te promets que ça ne fait pas trente secondes que tu te laves les mains Francis-Kenny. Non, même en secondes Jedi. »*

2. État de l'atmosphère qui se dégrade généralement lorsque cela ne vous arrange pas du tout.
Syn. Dommage.

Exemple. *« Si je résume la situation, nous allons donc recevoir vingt-trois de tes copains pour fêter tes 6 ans, et il pleut des cordes. Et si on mettait directement le feu à la maison ? »*

✪ CONSEIL JUDICIEUX (OU PAS) :
Dans le deuxième cas, invitez plutôt une demi-douzaine de vos copines, et optez pour un thème « mojito ».

THÉ :
n.m.

1. Arbre d'Extrême-Orient cultivé pour ses feuilles.

2. Boisson préparée avec le thé du commerce, infusée. Normalement chaude, mais exceptionnellement bue ainsi dès lors que vous avez un ou plusieurs enfants en bas âge.

Exemple. *« Je dois avoir un excellent karma aujourd'hui, j'ai réussi à boire mon thé sans l'avoir fait réchauffer six fois au micro-ondes ! »*

3. Par extension : Prendre le thé. Collation durant laquelle on est amené à boire du thé.

Exemple. *« J'ai invité les mamans de Cindy-Jeannette et Stacy-Bernadette à prendre le thé, tu veux te joindre à nous ? T'inquiète pas, il y aura aussi des mojitos. »*

✪ CONSEIL JUDICIEUX (OU PAS) :
Une goutte de rhum c'est toutefois plus discret.

TRAJET :
n.m.

1. Espace à traverser.

2. Fait de parcourir un certain espace pour aller d'un lieu à un autre.

3. Moment à ne jamais sous-estimer et qui peut dégénérer d'un instant à un autre pour une vague histoire de vomi, d'Henri Dès, ou de doudou oublié.
Syn. Voyage, vacances.

Exemple. *« C'est fascinant comme le bénéfice de quinze jours de vacances peut être anéanti par six heures de trajet ! »*

✪ CONSEIL JUDICIEUX (OU PAS) :
Partez en vacances dans votre jardin, ou dans celui de vos voisins si vous n'en avez pas.

VACANCES : n.f.pl.

1. Période pendant laquelle les écoles rendent leur liberté aux élèves.
Syn. Congé, panique.

2. Période censée être reposante où les membres de la famille changent de rythme en cessant leurs activités ordinaires.
Syn. Rentrée.

Exemple. « *Je comprends que tu n'aies pas envie de retourner à l'école, Alizée-Bernadette. Maman aussi est très triste... Mais, enfin, non, je n'ai pas fait la roue ! Qu'est ce que tu vas imaginer ?* »

✪ CONSEIL JUDICIEUX (OU PAS) :
Lorsqu'au cours de vos vacances vous éprouvez une fois ou l'autre un léger épuisement nerveux, pensez avec affection aux enseignants de vos enfants, saintes personnes garantes de la sauvegarde de l'espèce humaine.

VIEUX :
n.m. ou adj.

1. Qui existe depuis longtemps.

2. Qui a vécu longtemps ; qui est dans la vieillesse ou qui paraît l'être.
Syn. Ancêtre.

Exemple. *« 36 ans ce n'est pas si vieux que ça, je ne sais pas ce que tu t'imagines... »*

3. Pente savonneuse du déclin.
Syn. Coup de vieux.

Exemple. *« Tu me demandes sérieusement si j'ai connu Jeanne d'Arc, Stacy-Raymonde ? »*

✪ CONSEIL JUDICIEUX (OU PAS) :
Un mojito, je ne vois que ça.

VOIX : n.f.

1. Sons ou ensemble de sons produits par le larynx quand les cordes vocales entrent en vibration.
Syn. Cri, hurlement.

2. Arme de destruction massive lorsqu'un tout-petit décide d'en faire usage dans les suraigus.

Exemple. *« Oh la vache, Bibou s'est cogné… Il est en apnée depuis trois secondes… tous aux abris ! »*

✪ CONSEIL JUDICIEUX (OU PAS) :
Encore un mojito... *what else* ?

W.-C. : n.m.pl.

1. Initiales de *water-closet.*
Syn. Toilettes.

2. Place publique ou carrefour très passant que vous ne pourrez plus jamais fréquenter seule avant de longues années.
Syn. Mais enfin !

Exemple. *« Cette histoire de cartes Pokémon® ne peut donc pas attendre deux petites secondes mon chou ? Bonjour Régis-Ken, je ne savais pas que tu venais jouer cet après-midi. »*

✪ CONSEIL JUDICIEUX (OU PAS) :
Résistez aux pleurs du petit dernier qui entame un sitting devant la porte. Force mentale et volonté, tout est là.

ÊTRE PARENT ? C'EST FINALEMENT ASSEZ FACILE.
UNE FOIS QUE VOUS AVEZ INTÉGRÉ LE FAIT QUE VOUS NE POURREZ JAMAIS ENTREPRENDRE QUOI QUE CE SOIT LORSQU'ILS SONT REVEILLÉS.
J'IRAIS AUX TOILETTES CETTE NUIT PAR EXEMPLE.
HEUREUSEMENT QUE TU PRÉPARES TON MOJITO À L'AVANCE.
OUI, HEUREUSEMENT.

WEEK-END :
n.m.

1. Congé de fin de semaine.

2. Période d'une ou deux journées qui démarrent encore plus tôt qu'à l'accoutumée alors qu'en semaine il vous faut tirer les enfants du lit au pied de biche.
Syn. Arnaque complète.

Exemple. *« Gérard-Kenny, je te remercie d'être venu me réveiller pour, je cite : «me prévenir que tu allais rester sagement dans ta chambre en attendant que l'on se réveille parce que c'est dimanche». »*

3. Moments choisis préférentiellement par l'enfant pour être malade, et par la météo pour être toute pourrie.

✪ CONSEIL JUDICIEUX (OU PAS) :
Donnez un coup de pied violent à votre conjoint pour qu'il se lève à votre place.
Non mais !

SAMEDI 07h23
MAMAN !!!!!
QUE PERSONNE NE M'ADRESSE LA PAROLE TANT QUE JE N'AI PAS BU MON CAFÉ.
MAIS ? TU N'EN BOIS JAMAIS !?!
EXACTEMENT.

ZEN :
n.m. ou adj.

1. Mouvement de pensée bouddhique qui prône la recherche de l'illumination intérieure de l'individu.

2. État assez peu fréquemment rencontré dans la vraie vie.
Syn. Graal.

Exemple. *« Mutain de Mordel de l'Herbe, je fais tout pour qu'on passe une bonne journée ! Tu sais que je t'adore Fernand-Luka, mais si tu pouvais aller enterrer ton sifflet au fond du jardin, je pense que ça serait très bénéfique pour ma tentative de zénitude ! »*

✪ CONSEIL JUDICIEUX (OU PAS) :
Franchement laisser entrer un sifflet dans votre domicile, c'était un peu chercher les problèmes, non ?

ZOO : n.m.

1. Jardin zoologique.

2. Endroit dans lequel sont réunies diverses espèces animales.
Syn. Famille, maison, foyer.

Exemple. *« Entre ta sœur qui saute partout comme un chimpanzé, ton frère qui mange comme un cochon et votre père qui grogne, je suis vernie ! Comment ça, j'ai un rire de hyène ? Ça suffit Monique-Rannou ! »*

✪ CONSEIL JUDICIEUX (OU PAS) :
Prévoyez des enclos solides.

UN SUPPLÉMENT INÉDIT OFFERT !

Téléchargez vos cartes postales à envoyer ainsi que des « bons pour » qui vous permettront de souffler… mojito à la main !

Rendez-vous vite sur la page :

http://tut-tut.fr/maman-mojito

ou scannez ce code

Achevé d'imprimer en Espagne
par Novoprint
Dépôt légal : octobre 2015